CB129855

# PAREJAS Y FAMILIAS MIGRANTES

*CONSEJO EDITORIAL*

André Luiz V. da Costa e Silva

Cecilia Consolo

Dijon De Moraes

Jarbas Vargas Nascimento

Luís Augusto Barbosa Cortez

Marco Aurélio Cremasco

Rogerio Lerner

**Blucher**

# PAREJAS Y FAMILIAS MIGRANTES

*Una dimensión psicoanalítica*

*Compiladora*

Lisette Weissmann

*Parejas y familias migrantes: una dimensión psicoanalítica*
© 2024 Lisette Weissmann (compiladora)
Editora Edgard Blücher Ltda.

*Publisher* Eduardo Blücher
*Editor* Eduardo Blücher
*Coordinación editorial* Rafael Fulanetti
*Coordinación de producción* Andressa Lira
*Producción editorial* Quirino Edições
*Composición* Joyce Gama Rosa
*Revisión de texto* Cláudia A. A. de Araújo
*Tapa* Laércio Flenic
*Imagen de tapa* "Felt Dreamscapes", Evelyn Politzer

**Blucher**

Rua Pedroso Alvarenga, 1245, 4º piso
04531-934 – São Paulo – SP – Brasil
Tel.: 55 11 3078-5366
**contato@blucher.com.br**
**www.blucher.com.br**

Prohibida la reproducción total o parcial por cualquier medio sin autorización escrita del editor.

Todos los derechos reservados por Editora Edgard Blücher Ltda

Datos de catalogación y publicación internacional (CIP)
Angélica Ilacqua CRB-8/7057

Weissmann, Lisette
Parejas y familias migrantes : una dimensión psicoanalítica / organizado por Lisette Weissmann. - São Paulo : Blucher, 2024.
232 p.

Bibliografía
ISBN 978-85-212-2287-3

1. Psicoanálisis 2. Migración I. Weissmann, Lisette II. Serie

24-3828 CDD 150.195

Índices para catálogo sistemático::
1. Psicoanálisis

# Contenido

# Un poco de historia sobre el libro *Parejas y familias migrantes, una dimensión psicoanalítica*

*Lisette Weissmann*

> *Ashima, fiel al significado de su nombre, no tendrá fronteras, carecerá de casa propia, será una residente de todas partes y de ningún sitio.*
>
> Jhumpa Lahiri

Este libro forma parte de un sueño personal de publicar una obra en mi idioma materno. He escrito mucho en portugués (lengua del país al que migré) y en un momento sentí algo muy primario que podría describir como una sensibilidad casi visceral que me decía que tenía que escribir en español. Por un lado, podríamos considerar que escribo en la lengua de España, país que colonizo América Latina en 1492, pero estoy y estamos, escribiendo en el modo de comunicación que a lo largo de los siglos utilizamos en el Sur del Sur, nuestro continente, América del Sur.

Para esta tarea invite a psicoanalistas muy queridos y con mucha experiencia en los temas: atención a parejas y familias, psicoanálisis, migración y la posibilidad de relatar su experiencia en español. Confieso que al principio fue difícil encontrar profesionales que conjuguen todos esos temas, pero después de una intensa búsqueda los fui encontrando. Mas tarde me di cuenta de que no necesariamente tenía que apelar a psicoanalistas que escriban en español, ya que podemos buscar traductores que nos auxilien en la tarea de plasmar todos los trabajos en el mismo idioma. En esa instancia convide colegas brasileños que aceptaron publicar sus trabajos traducidos. Finalmente, aquí estamos todos estos profesionales transmitiendo nuestro trabajo teórico clínico atendiendo migrantes y sus vínculos.

Una vez superada esa fase, me tocaba elegir a la artista que iría ilustrar la capa del libro. Por supuesto, que decidí invitar a una migrante que plasmase el tema en otro lenguaje. Decir a través del arte lo que se siente, es una experiencia muy peculiar y que toca el alma de cada uno, sin palabras, pero con muchos sentimientos. Elegí una coterránea, uruguaya, que dibuja con lanas para expresarse y que migró a un país extranjero. En su obra aparece un nido con un huevo dentro que está siendo empollado para salir a la luz y cobrar vida. Igual que este libro y las ricas y diversas ideas que plasmamos al relatar el tema de diferentes puntos de vista.

Los autores somos argentinos, uruguayos y brasileros con múltiples nacionalidades, que se suman a la de su tierra natal. Querría agradecer a cada uno de ellos por su interés y entusiasmo para acompañarme a hacer este sueño realidad.

Podría escribir extensamente de cada relación que tengo con cada uno de ellos. Mucha vida vivida, estudio y profundización en los diferentes temas que nos unen y nos ponen a reflexionar con el deseo de hacer que nuestras ideas se multipliquen, cobren vida, vuelen y sigan siendo pensadas por todos aquellos lectores interesados. Una vez escritas y publicadas las palabras dejan de ser nuestras y son parte de una red que estructura un mundo científico siempre ávido por ideas que den luz y nos ayuden a entender más profundamente la realidad con la que trabajamos.

Me gustaría nombrar a cada uno de los autores que participaron y trabajaron para hacer esta obra realidad, pero los lectores ya se van a encontrar con ellos a través de las palabras, experiencia y lecturas que plasmaron en estas páginas. Pensamos y compartimos estos trabajos con mucha dedicación e ahínco para tratar de traer luz sobre el tema. Estoy inmensamente agradecida a todos, especialmente porque creyeron en mi y en mi sueño.

No puedo dejar de mencionar a mis seres queridos más cercanos que siempre con su paciencia y cariño me apoyan en mi pasión por transmitir, escribir y publicar. A mi marido, hijos, nuera, yerno y nietos: muchísimas gracias.

A la editora Blucher por creer en mi proyecto de publicar en español para trasmitir las ideas sobre Psicoanálisis más allá de las fronteras de Brasil.

Deseo que estos textos sirvan de inspiración a otros, para siempre seguir pensando y escribiendo sobre nuestra práctica psicoanalítica y que nos ayuden a entender a los pacientes del siglo XXI que piden para ser escuchados y ayudados en su transcurso vital. Espero que este libro sirva para crear una espiral continua de pensamiento, discusión, dialogo y eterno aprendizaje.

Termino con las palabras de Jhumpa Lahiri en su libro *El buen nombre* (2021, p. 30):

> *Mi abuelo siempre dice que para eso son los libros — comentó Ashoke, aprovechando la ocasión para abrir el volumen que tenía entre las manos. Para viajar sin moverse ni un centímetro.*

# Prefacio

*Marina Ravenna Selvatici*

Hace muchos años que vengo trabajando con migrantes temporarios extranjeros en su lengua materna, francés o italiano. Por eso la publicación de este nuevo libro sobre *parejas y familias migrantes* de distintos autores compilado por Lisette Weissmann me llena de entusiasmo por la posibilidad de acceder a variadas experiencias teórico-clínicas.

Los migrantes temporarios suelen ser designados en el ámbito de su trabajo con el nombre de "expatriado", o sea fuera de su patria. El acento está puesto en estar fuera de. En la mayoría de los casos les es muy difícil enfrentar un proceso de inclusión en el nuevo ámbito. Esta situación es en mayor o menor medida elegida o aceptada, pero aun así la experiencia de desarraigo no deja de tener efectos sobre el integrante de la organización para la que trabaja y su familia. Incertidumbre, desencuentro y no encuentro, malos-entendidos, por la alteridad y la ajenidad que se pone en juego en los vínculos, desgarro de membranas culturales, vivencia de desarraigo, de no lugar.

La palabra forastero tiene la doble acepción de "persona venida de afuera" y de "lo extraño o ajeno". Se juegan fenómenos de inclusión y exclusión de acuerdo con las distintas procedencias culturales, idealizaciones y prejuicios locales frente a las distintas procedencias.

El antropólogo argentino residente en Méjico, García Canclini señala nuevas situaciones de alteridad dentro de la propia sociedad y con dificultades de adaptación a nuevas condiciones como “extranjerías metafóricas” no territoriales que “implican nuevas formas de discriminación, segregación, organización de la pertenencia y la exclusión en las sociedades actuales”

Una experiencia muy interesante fue la relacionada con la construcción de representaciones sobre la escuela en una comunidad indígena Mbya-guaraní en Misiones (Argentina). Los alumnos de esta escuela eran excluidos o expulsados por no haber podido apropiarse delos conocimientos que la escuela impartía. Antes inclusión era estar en la escuela. Ahora la escuela es tiene que servir, les tiene que hablar y escuchar. La escuela del indio debe estar ubicada en el ambiente indio, donde las familias indias luchan por no desaparecer. Las familias fueron incluidas en la escuela como dadora de conocimientos e historias provenientes de los orígenes.

Las lenguas llevan marcas culturales, psicológicas e históricas y como tal son instrumentos de poder, dice Leila Albarracín, de la Asociación Investigadores en Lengua Quechua.

Es interesante lo que se plantea en la clínica vincular con pacientes multilingües. Como las distintas lenguas, expresan “conversan entre sí” o a veces se elige otra lengua, ni la materna ni la nueva, como búsqueda de libertad de lo materno en cada uno. En uno de los trabajos del libro se trae lo planteado por bell hooks: el inglés es Estados Unidos de Norteamérica es el idioma del opresor y colonizador. Pero la lengua inglesa adoptada por los esclavos se convierte en un fenómeno de resistencia. Del mismo modo en la India, donde se habla una multiplicidad de lenguas y dialectos, los hindúes se unieron a través del inglés y de esa forma pudieron organizarse, luchar y liberarse del colonizador. Algo semejante sucedió en Nueva Zelanda. Los Maoríes no tenían lengua escrita y para luchar contra los colonizadores ingleses se unieron a través de esa lengua como forma de resistencia.

Se plantea un fenómeno muy interesante de desterritorialización: dejar de pensar cada lengua amarrada a su cultura y así atravesar fronteras.

Es muy interesante también la investigación realizada sobre la migración japonesa en Brasil en la que se destaca la importancia de las organizaciones nipo-brasileras para mantener las tradiciones y costumbres japonesas con el precio a pagar de mantener un aislamiento del grupo en torno a la diferencia. La transmisión del dolor psíquico en familias migrantes, en las que se juegan las alianzas inconscientes estructurantes o defensivas (alienantes o destructivas), concepto acuñado por René Kaës, es una cuestión que sobrevuela la vida de los migrantes.

Son a destacar las experiencias donde se plantea la posibilidad de migrar del lugar de la filiación sin desmentir el espacio anterior, pudiendo inscribir y crear otras marcas nuevas.

El concepto del sujeto partido trae el tema de la historización familiar y la importancia de la apropiación familiar" que aparece en varios trabajos. Se dice que la unión con el origen está asegurada por la historización familiar, pero también condensa los conflictos. Así lo señala Haydée Fainberg en "El *télescopage* de las generaciones" en Transmisión de la vida psíquica entre generaciones, de Kaës et al. Esta autora señala que "cuando un tipo particular de identificación se historiza, el paciente adquiere la posibilidad de situarse en relación con la diferencia de generaciones". Seguramente todos hemos tenido experiencias de que algunos "saltos" en los relatos de los pacientes "constituyen para la analista indicios de que la familia requiere iniciar un trabajo de historización que posibilite sacar a la luz aspectos ocultos o encriptados de la historia".

¿La relación entre distintas culturas podrá crear una tercera cultura? ¿Podremos hablar de la cultura de la pareja? ¿Y qué de las familias? ¿Fantasía de autoengendramiento frente a la angustia por la pérdida? ¿Acaso se puede prescindir de las generaciones anteriores? ¿Pero si el pasado es negado, qué imagen cobran el futuro y los proyectos de vida? "El tiempo real corre el riesgo de hacernos perder el pasado y el futuro a favor de una presentificación que supone una amputación del volumen del tiempo y la profundidad del sentido" dice Paul Virilio en "Vitesse et politique".

Multiplicidad de preguntas para las que cada vínculo intentará crear alguna respuesta.

El paso del tiempo y los cambios socio culturales que pueden traer aparejado es especialmente notable en las vivencias de los que han migrado y vuelven a su país de origen.

En el trabajo con los extranjeros y/o migrantes es necesario poner a trabajar lo que implica familiarizarse con lo extraño, por penetrar en una cultura distinta, facilitado en parte por la lengua compartida. Pero a veces esa facilitación es ilusoria, disfraza la alteridad y la ajenidad presente en todo vínculo. Hospitalidad hacia la alteridad que no deja de estar teñida del otro sentido presente en la raíz de esta palabra: albergue, pero también hostilidad.

Cada autor deberá convivir con la propia extranjería, motor que seguramente impulsa el trabajo que lo convoca. Por eso celebro la idea que tuvo Lisette Weissmann, la compiladora de este libro que considero muy valioso y necesario, de que cada autor se presente con su doble pertenencia, que marca la migración presente en su propia historia.

# 1. La clínica vincular con pacientes multilingües

*Lisette Weissmann*

En el mundo globalizado y al mismo tiempo local del siglo XXI, me encuentro con pacientes parejas que se comunican entre sí en una lengua elegida, lengua que aparece como un tercero intermediario, ya que los miembros de la pareja no hablan la misma lengua materna. Esa lengua intermediaria es también llamada la lengua de acogida, diferenciándola así de la lengua materna. Las familias migrantes, a veces con distintos miembros nacidos en diferentes países con distintos idiomas, eligen qué lengua común utilizarán para comunicarse en el seno familiar. Estas elecciones intersubjetivas conducen a menudo a diversas situaciones de malentendidos vinculares, ya que se ven ante la necesidad de traducir de una lengua a otra para intentar expresarse y entenderse.

Thamy Ayouche (2015), psicoanalista marroquí residente en Francia, alude a Walter Benjamin y afirma que el traductor tiene que encontrarse en un espacio de suspensión interlingüística para moverse fuera de la lengua, siendo ese un espacio que denomina "limbo intersemiótico". Y afirma que la traducción interlingüística de por sí, convoca a procesos del inconsciente de los que proviene. Vemos cómo, en los sujetos polilingües, las distintas lenguas conversan entre sí, al mismo tiempo en que ponen a dialogar las instancias psíquicas dentro del sujeto.

Con base en lo antedicho, me pregunto hasta qué punto la elección del idioma para realizar un proceso psicoanalítico es una ventaja o un inconveniente a la hora de entablar una comunicación entre los sujetos de una determinada relación.

En la atención psicoanalítica, la elección del idioma lo hacen los pacientes teniendo en cuenta con cual se comunican entre ellos y la lengua con que el analista sabe expresarse. En mi trabajo con parejas y familias, me he encontrado con muchos tipos de vínculos que yo llamo interculturales.

Si partimos de la base de que todos somos migrantes frente al inconsciente, el sujeto extranjero puede volver a experimentar este *unheimlich* que redobla el sentimiento de extranjería en relación consigo mismo y a su lengua de comunicación.

En este punto, pienso que es necesaria la siguiente definición de Thamy Ayouche:

> *La lengua materna es la lengua vehiculada de la mano, o de la persona en posición de madre, que permite al niño separarse de ella, articular una demanda, sin temor a ser engullido en un "sí" masivo que anticipe sus deseos o en un "no" que los anule. Para no ser mortífera, esa lengua tiene que marcar una distancia, y conjugar lo familiar y/o lo extranjero (2015, p. 102).*

Podemos ver cómo el idioma extranjero puede ser una ayuda o un obstáculo a la hora de hablar del propio recorrido psíquico y de las heridas en el consultorio analítico. Ya escribí en un artículo de la revista de la asociación psicoanalítica de São Paulo cómo la lengua extranjera puede liberar al paciente del superyó materno, ya que lo aleja y le permite estar ajeno a su yo infantil y así poder expresarse, cosa que sería imposible hacerlo en su lengua materna.

> *La lengua extranjera en el lugar de un objeto intermediario parecería permitir formular verbalmente lo que está prohibido decir y escuchar en la lengua materna, lengua ligada al país de origen, así como a los objetos primarios (Weissmann, 2021, p. 5).*

La distancia y el lugar extranjero permiten reparar lo vivido en la lengua de origen.

Thamy Ayouche nos comenta al respecto que

> *En el tratamiento de pacientes extranjeros, me enfrenté a una clínica de la "revitalización" de la lengua materna por la lengua extranjera, cuando los pacientes recurrían a la lengua extranjera para reconstruirse psíquicamente y alejarse de la irrupción de la lengua materna (2015, p. 99).*

Esta clínica intercultural abre una vía importante para pensar las diferencias y permitir al sujeto reconstituirse de nuevo, a partir de, y a pesar de, sus huellas infantiles dolorosas y reprimidas.

Recurramos a la clínica para clarificar aquello dicho en teoría.

Una pareja solicita ser atendida online en inglés. Mariana es brasileña y Halym iraquí. Hablan inglés entre ellos, razón por la cual eligieron ese idioma para hacer el análisis. Cada uno vive en un país europeo y se encuentran los fines de semana, viajando alternativamente a la ciudad donde vive el otro. Halym es 15 años mayor que Mariana. Se conocieron trabajando juntos, ella era su secretaria. Comenzaron su relación como amantes hasta que abandonaron sus vínculos anteriores para estar juntos.

Durante la sesión, discuten sobre los problemas de comunicación que hay entre ellos. Halym dice que se siente escuchado, pero no comprendido, y repite muchas veces que no se le escucha, que no se siente comprendido. Mariana dice que espera que él la entienda, pero que no lo logra.

Halym dice que cuando discuten, ella le interrumpe y él piensa que es una falta de respeto que le hace enojar mucho. Mariana dice que él se ofende y se aleja, dejándola, hablando sola, y eso la angustia demasiado.

Como analista, siento que no sé de qué están hablando, también siento que los escucho sin entenderlos y me pierdo en las conversaciones sin entender de qué están hablando. Me pregunto si ¿Me convierto en una extranjera en un idioma que me es familiar? ¿Abstinente, pero no neutral? ¿Coparticipando en la escena analítica?

En esos momentos somos tres personas intentando comunicarnos con palabras en un idioma que conocemos, pero no podemos entendernos.

Entonces me siento llamada a hacer una pregunta.

Analista: ¿Cuál es la lengua materna de ustedes?

Halym responde que el alemán es su lengua materna, ya que fue a la universidad en ese idioma. Mariana dice que el portugués es su lengua materna. Halym dice que ella puede discutir y argumentar mucho en inglés, pero que él no puede. Halym dice que habló kurdo hasta los 13 años, luego lo enviaron a un internado en otro país donde hablaban árabe y finalmente fue a la universidad en alemán. Menciona que en algunos temas no puede hablar en kurdo, que es su lengua de nacimiento, pero para hablar de negocios o política necesita expresarse en alemán o inglés. Mariana dice que, aunque el portugués es su lengua materna, nunca ha trabajado en portugués, por lo que tiene muchas faltas de ortografía y trabaja en belga, francés o inglés.

Señalo que parece que los dos han vivido en busca de hacerse entender en varios idiomas y que tal vez éste sea el *leiv motif* de sus vidas. Y ven fracasar esta tarea en el vínculo que les une. Halym dice que discute mejor en alemán y Mariana dice que discute mejor en inglés. Para tolerar este sufrimiento por la confusión de idiomas, optan por no hablar, interrumpirse mutuamente, dejar

> las discusiones y abandonar los diálogos que parecen confirmar que no pueden comunicarse. La pregunta de la analista intenta sacarlos de su confusión buscando una idea que explique este malentendido y, al comprenderlo, buscar la posibilidad de entenderse. Tratar de abrazar la necesidad de entenderse es quizá lo que dirige la búsqueda interminable que desenvuelven y que los lleva a angustiarse por sentirse solos a pesar de estar juntos. Practican mucho la posibilidad de separarse como intento de encontrarse individualmente, y siempre vuelven a buscarse. Entender la confusión de lenguas junto con la analista puede llevar a una salida en la búsqueda de discriminación para entenderse como diferentes.

Ayouche dice que "cuando un sujeto plurilingüe o políglota se expresa en una lengua, las otras lenguas quedan 'en sufrimiento' por debajo de ella, en el doble sentido de espera y de dolor" (2015, p. 102).

Creo que entre Halym y Mariana, incluso frente a la multiplicidad de lenguas que hablan, lo que está sufriendo es el vínculo entre ellos, ya que no pueden entenderse, a pesar de ser políglotas. Sólo la psicoanalista, implicada en el malestar vincular de la pareja y perdiéndose en la incomprensión, es capaz de explicitar este sufrimiento y ponerlo en palabras. Cómo resolver el malestar en su relación por la falta de entendimiento en su comunicación es una situación que sólo ellos podrán zanjar y encontrar cómo hacerlo, creando un espacio, a veces vacío, que necesita ser llenado con mensajes que tengan sentido para el otro. La incógnita sigue abierta.

## *El idioma de la liberación y del lazo*

En este punto me gustaría citar a bell hooks, que como profesora e intelectual insurgente negra estadounidense nos hace reflexionar sobre el significado de adquirir una lengua en su libro "*Ensinando a transgredir*".[1] Ella piensa el inglés en Estados Unidos como la lengua del opresor y colonizador, pero también señala que "aprendiendo a tomar posesión de la lengua como un territorio es donde nos convertimos en sujetos" (hooks, 2013, p. 224) Aunque el inglés era la lengua del colonizador blanco europeo, por otro lado, los esclavos negros necesitaban la lengua para hablar entre ellos y así crear un espacio para formar lazos. La lengua adquiría así otro significado como instrumento de resistencia y como forma en que los africanos esclavizados recuperaban su poder personal, aunque fuera la lengua del opresor. Nos dice que

> *en posesión de una lengua común, los negros pudieron encontrar de nuevo una forma de construir comunidad y un medio de crear la solidaridad política necesaria para resistir (hooks, 2013, p. 226).*

A partir del inglés como lengua de base, crearon una contra lengua, rompiendo así con el sentido estandarizado y habitual de esa lengua y transformándola en otra. Así aparecieron los "negro spirituals", como forma de construir un inglés con su propia jerga, creando así una lengua diferente. Piensa en un espacio para aprender el idioma como

> *una oportunidad para escuchar sin 'dominar', sin tener la propiedad del discurso o tomar posesión de él a través de la interpretación, sino también la experiencia de escuchar palabras no inglesas (hooks, 2013, p. 230).*

Apela a este nuevo discurso antihegemónico como una forma de liberarse a través del lenguaje.

---

1 Enseñando a transgredir – traducción de la autora

Propongo ahora aplicar estas reflexiones, ancladas en un determinado contexto histórico en los Estados Unidos, para pensar en el marco del psicoanálisis vincular y sobre cómo el lenguaje adquiere subjetivamente valor en los vínculos, en las situaciones clínicas que encontramos en nuestros consultorios.

Las parejas y familias interculturales necesitan elegir una lengua para comunicarse entre sí, sea o no la lengua de su país de residencia, pero no la lengua del opresor, sino una forma de comunicarse que puede coincidir o no con la lengua de su crianza. Volviendo a la referencia de hooks sobre la lengua adoptada por los esclavos, pensamos que la lengua elegida en las relaciones interculturales puede ser una forma de resistencia frente a las diferentes culturas que las componen, como un intento de salvar la brecha que las divide en función de las historias de culturas y las diferencias que las atraviesan. También puede ser una forma de no ceder ni sucumbir a la cultura de origen. A veces, algunos crean entre ellos una contra lengua, portadora de códigos que sólo entienden quienes participan en estos vínculos interculturales, como una mezcla de varias lenguas, una situación que los acoge al mismo tiempo en que los aísla. ¿Será ésta su forma de liberarse a través del lenguaje de las diferencias que les habitan? ¿Se resisten a dejar entrar sus diferencias en el vínculo o intentan salvarlas?

Para los multilingües, la cuestión de qué lengua utilizar para comunicarse les conduce siempre a su lengua materna, tanto para alejarse de ella como para refugiarse en las huellas de su infancia. La flexibilidad psíquica es necesaria para permitir este movimiento de ida y vuelta entre la lengua materna y la lengua de comunicación, que pone a los sujetos plurilingües en constante movimiento interno.

Volvamos al dúo del dominador y el oprimido, citado antes por bell hooks. Generalmente, en las relaciones en las que la comunicación es difícil – y no sólo en las interculturales – un sujeto trata de dominar al otro para imponer su idea sin tener en cuenta la del otro, como una forma de borrar lo semejante para no enfrentarse al ajeno que el otro siempre lleva consigo. ¿Están creando una contracultura para no tener que enfrentarse a lo diferente del otro? ¿Estamos ante otra forma de liberación y resistencia? Quedan muchas preguntas abiertas para seguir reflexionando.

## *Traducir: ¿misión posible o imposible?*

Quiero traer ahora el tema de la traducción, tema que nos lleva al trabajo en varios idiomas en un ir y venir por ellos, en una misión imposible de ser construida si no se da coincidente con una cierta traición a cada lengua que existe. La traducción se arma por encima de un "entre" lenguas, ya que todos los idiomas son, en la medida en que son, "entre otros".

Barbara Cassin, filosofa francesa contemporánea nos dice en su libro Elogio a la traducción, Complicar lo universal; que existe una lengua que se aparta de la globalización y que fue llamada por Jean-Paul Nerrière, ex vicepresidente de la IBM como *globish, o global english.* Es una lengua que no es una lengua, ya que no está en relación directa con ninguna cultura, es una lengua de comunicación, útil para llenar formularios, que toda persona sabe usar, y que se restringe meramente a un lenguaje simple a partir del que se puede pedir un café en Tokio, un préstamo en Istambul o atravesar la frontera en Estados Unidos. Es un inglés muy pobre, y muy eficaz entre los funcionarios de las empresas internacionales que no utilizan el inglés como lengua materna. Se define como el idioma de los esquemas y de las palabras llave, como herramienta de búsqueda en general. Algunos la llaman el "desesperanto contemporáneo".

¿Me pregunto cómo pensar las diversas lenguas después de definir el *globish*? La idea de la traducción puede ayudarnos a pensar este tópico, ya que transita por un camino entre lenguas. Según Humberto Eco "la lengua de Europa es la traducción" (Eco apud Cassin, 2022). Los diferentes idiomas no existen si no se piensan en el "entre" lenguas, desconstruyendo así la idea de lo universal y complicándolo, y de esa forma ingresar en lo diverso, lo diferente y aquello que nunca cesa de no traducirse, haciendo alusión a las equivocaciones como un camino constante de ida y vuelta, como una búsqueda sin fin de sentido nunca completo ni terminado. Cassin apela a "la fuerza de la inteligencia de la diferencia de las lenguas" (Cassin, 2022, p. 13). De esa forma ella se aparta de la idea griega helenista en la cual todos aquellos que no hablaban la lengua griega eran bárbaros y excluídos como no deseados, para pensar la traducción en medio de un crisol de lenguas y no de una lengua sola.

La autora nos dice que

> *El lenguaje se manifiesta en la realidad apenas como diversidad. [...] Traducir, no es más* dolmetschen, *como un intérprete, y si* ubersetzen, *como un traductor: Entender que lenguas diferentes producen mundos diferentes, de los cuales ellas son la causa y efecto; y hacer con que esos mundos se comuniquen, con las lenguas perturbándose mutuamente, de modo que la lengua del lector va al encuentro de la del autor (Cassin, 2022, pp. 20-21).*

La propuesta que nos hace es permanecer en la zona de traducción, como si estuviéramos en una franja intermediaria entre dos lenguas o más, en una posición de *in-between.* Esta forma de pensar las lenguas apunta a una desterritorialización, dejando de pensar cada lengua amarrada a su cultura y así permitir atravesar fronteras con las lenguas, como un efecto intermediario que se construye entre los límites territoriales de los países. Implica de cierta forma ponerse en otra posición para observar las lenguas y así apartarlas de lo materno, universal y natural, ubicándolas en un espacio de reterritorialización como lenguas entre otras. Lo que queda como resto es la desterritorialización de las lenguas como efecto de la diversidad. Quedarnos en la zona de traducción garantizaría ese lugar intermediario que nos habilitaría a entender con más flexibilidad, en un espacio de pluralidad y diversidad de lenguas para no quedar atado a una lengua como la única forma de comprender la realidad. Esta postura habilita a un tránsito por las diferencias ubicándonos en una posición que Hannah Arendt llamo de "equivocidad vacilante" (Arendt, 1950, p. 57).

Cassin propone quedarse en la zona de traducción para habilitar un espacio siempre de diferencia, de posible equivocación, de circulación entre varias lenguas, privilegiando la desvinculación de las lenguas y los pueblos, lo que implicaría desnacionalizar la lengua materna para permanecer siempre estacionado en el "entre". Creo que ese lugar es un espacio importante para trabajar en psicoanálisis con los vínculos. Apropiándonos del concepto de ajeno que proponía Isidoro Berenstein apunta a la pluralidad de sentidos, a la diversidad de versiones para definir la realidad, a posicionar la diferencia como un espacio de abertura y enriquecimiento dentro de los vínculos. Nos acercaríamos a pensar que no hay una sola forma de formar vínculos y sí definir que debemos pensar en los vínculos en plural, alejándonos de lo UNO para privilegiar el DOS, lo PLURAL y diverso.

*La vida está hecha para desconcertarnos.*
*Mastreta, A. 1996. p. 276.*

## Referencias

Arendt, H. (1950). *Journal de pensée*, agosto de 1950, v. I. Seuil.

Ayouch, T. (2015). Clínica psicanalítica da língua: vias associativas interlinguísticas, tradução e transferência. *Estudos De Psicologia,*

*32(1)*. Recuperado de https://periodicos.puc-campinas.edu.br/estpsi/article/view/8112.

Berenstein, I. (2007). *Del ser al hacer. Curso sobre vincularidad.* Editora Paidós.

Cassin, B. (2022). *Elógio da tradução: complicar o universal.* WMF Martins Fontes.

hooks, b. (2013). *Ensinando a transgredir. A educação como prática da liberdade.* WMF Martins Fontes.

Mastreta, A. (1996). *Mal de amores.* Punto de Lectura.

Matus, S. & Rojas, C. (2022). *Teoria e clínica na obra de Isidoro Berenstein.* Vergara.

Weissmann, L. (2021). Fazer análise em língua estrangeira? *Jornal de Psicanálise SBPSP 54 (101)*, 123-140. Recuperado de http://pepsic.bvsalud.org/scielo.php?script=sci_arttext&pid=S0103-58352021000200009&lng=pt&tlng=pt.

# 2. Efectos de la migración en las parejas. Clínica en su idioma materno

*Marina Ravenna Selvatici*

El traslado de personas de un lugar a otro, en algún momento de sus vidas, es un hecho que se ha dado a menudo a lo largo de la historia.

Esta experiencia de traslado geográfico es la que se denomina en forma genérica "Migración", reservando el término "Transculturación" para las vicisitudes del encuentro con otras culturas.

Se ha estudiado distintos tipos de migraciones: la que se refiere a las personas que deciden partir de un país para radicarse en otro, en forma más o menos definitiva; otro tipo de migraciones es la de los trabajadores o estudiantes que van a otro país en forma temporaria; otra, se refiere a los que se han visto obligados a dejar su país por cuestiones políticas o religiosas; por último, un tipo de migraciones a veces menos estudiado es la de los que se desplazan en el interior de un mismo país.

El objetivo de este trabajo es presentar algunos desarrollos sobre las vicisitudes de la clínica con parejas de migrantes temporarios en lo que se refiere al encuentro con otra cultura. El proceso de análisis de estas parejas es una construcción vincular entre analista y pacientes que se desarrolla en la lengua de éstos últimos (francés o italiano).

Los migrantes temporarios a los que voy a referirme suelen ser personas que se insertan en instituciones u organizaciones filiales de una casa matriz extranjera, o en instituciones que representan al país de origen en otro país. Estos migrantes temporarios son designados en su ámbito de trabajo con el nombre de "expatriados" o sea fuera de su patria, denominación que denota un espacio de carencia, y que los diferencia de los "locales". Esta situación que determina un desarraigo elegido o sufrido provoca también desajustes en la pareja y en la familia, a veces más evidentes, otras más sutiles.

El traslado a otro país implica dejar el ámbito conocido, la familia amplia, los amigos, lo cotidiano, todo lo que otorga confirmación a la propia identidad. Esta sensación de seguridad personal se obtiene también con la repetición previsible de ciertos elementos de la vida cotidiana (olores conocidos, geografía que resulta familiar, costumbres, experiencias diarias...).

Pensemos, por otro lado, qué ocurre en el encuentro, en la formación de una pareja.

Como lo hemos señalado con Susana Matus, el encuentro tiene una cualidad traumática para los sujetos del vínculo de pareja en el sentido que desestructura un cierto equilibrio psíquico armado previamente. Decíamos "El encuentro es traumático para los sujetos del vínculo ya que los enfrenta con la ajenidad del otro, trauma que en tanto exceso para el psiquismo puja por acceder a la ligadura de los procesos psíquicos y por lo cual es motor de construcción vincular".

Esta situación no es solo inherente al comienzo de una pareja, sino que se reencuentra en forma más o menos velada en todas sus vicisitudes, no es una cuestión de tiempos, sino de "tempos", que no tienen que ver con cuestiones cronológicas.

El enamoramiento es un primer momento de idealización que busca desmentir esta situación traumática.

> *Las vicisitudes del vínculo de pareja crean un espacio-tiempo vincular donde se juega un segundo tempo*

> *constituido por la repetición y la resignificación, y es la cotidianeidad lo que permite la elaboración de esa situación traumática (Matus & Selvatici, 1997, p. 138).*

Cuando aparecen las diferencias entre los integrantes de la pareja, la repetición, las experiencias compartidas, la organización de la vida cotidiana, ofrecen un marco de seguridad dado por una cierta regularidad de los intercambios. De esta manera podemos pensar que se crea un espacio-tiempo vincular que intenta desmentir esa ajenidad del otro.

Como en la formación de la pareja, en el proyecto migratorio puede haber un momento de idealización. En este tipo de migrantes, se dan también cambios en el status socioeconómico (migración ascendente), importante diferencia en relación a la situación anterior en su país de origen, que en un primer momento pueden otorgar una sensación de omnipotencia.

La fantasía de un cambio de vida idealizado frecuentemente estimula la migración, tanto desde lo personal como desde la pareja.

Pero, si bien la decisión puede llegar a ser compartida, los efectos del desarraigo se descubren más tarde y no del mismo modo en ambos integrantes de la pareja.

Lo que hemos podido detectar es que para el migrante que trabaja en una organización extranjera, su vida transcurre en gran parte en su ámbito laboral, y la empresa o la institución mantiene una cierta continuidad con la casa central del país de origen, y esta situación provee cierta continencia frente al cambio.

No ocurre lo mismo con la esposa, que generalmente no trabaja y se ocupa de los hijos, que ha debido dejar las actividades que desarrollaba, ha perdido sus referentes cotidianos y seguramente su pertenencia familiar y de grupos de amigos que tenía en su país de origen.

Puede ser la mujer la que es expatriada (aunque es menos frecuente), pero en este caso el marido logra alguna inserción laboral.

La esposa, sobre todo en los primeros tiempos cuando su inserción social es incipiente, suele vivenciar un vacío a veces difícil de llenar. En algunos casos esta sensación es tapada y aparece a través de reproches y reclamos al marido o a la misma empresa, considerados "culpables" de determinar la migración. No es por casualidad que la elección de la vivienda, que suele ser pagada por la empresa, se vuelve muchas veces conflictiva, apareciendo exigencias que pueden parecer insólitas y que no se plantearían en el país de origen, a modo de compensación por un vacío difícil de llenar.

En la adaptación al nuevo país hay mayor dependencia mutua por falta de apoyo social que produce aislamiento y sobrecarga. En el viejo entorno la pareja suele ser sostenida por muchos puntos de apoyo. En el nuevo, se tiende a interpretar las necesidades no cubiertas como traición o abandono por parte del cónyuge, frente a fantasías de fusión e incondicionalidad basadas en esta ilusión de "comenzar de nuevo". Pero cuando esto no ocurre, la alteridad del otro se vuelve retraumatizante. Entonces los reproches y los malentendidos esconden la dificultad para aceptar distintas perspectivas.

Otras veces pueden llegar a surgir crisis depresivas, agresiones, alcoholismo, violencia y hasta manifestaciones psicosomáticas, es decir síntomas donde puede llegar a verse comprometido el cuerpo (dolores de cabeza reiterados, insomnio, taquicardias, etc.). En otros casos, la mujer puede participar activamente en el ámbito del marido, pero a veces en cuestiones no totalmente pertinentes, es decir buscando un lugar, pero no siempre es el más adecuado ni el más satisfactorio.

El marido puede a veces ocupar el lugar de "víctima de una mujer complicada", manifestando una retracción afectiva. Ocupan lugares polarizados frente a este "duelo migratorio" cuyas vicisitudes dependen en gran medida de las problemáticas vinculares que venían atravesando.

Es frecuente que la pareja se encierre socialmente en un lugar muy reducido. Puede producirse sobre exigencia o sobreprotección hacia los hijos, frente a un mundo externo vivido como demasiado diferente y peligroso. Otras veces la relación con los hijos puede denotar cierto descuido, por estar muy centrados en lo que se dejó. Estos a su vez enfrentan la problemática de la integración a un colegio nuevo, en un ámbito cultural distinto, lo cual muchas veces trae síntomas cuando no están contenidos por la pareja. Los conflictos en los hijos pueden presentarse como una lucha de lealtades en cuanto a la pertenencia, con un rechazo frente a lo nuevo que puede manifestarse con dificultades de integración en la escuela o dificultades en el aprendizaje

La red de significaciones imaginarias sociales propias de una cultura provee pertenencia y cierta continuidad, lo que se quiebra en los procesos migratorios. La transculturación conlleva así una potencialidad traumática.

En ciertos casos esta vivencia de inseguridad es negada, sobre todo por parte del hombre, porque es temida, porque considera que le otorgaría una imagen de vulnerabilidad nociva para su carrera. Es así como es frecuente que el expatriado busque y encuentre refugio en la empresa o a través de la micro cultura que constituyen sus colegas. A veces son personas que quedan "pegadas" a sus actividades, trabajando un elevado número de horas, intentando lograr un desempeño exitoso que lo compense por la ruptura realizada. La hiperadaptación a la empresa suele aumentar la brecha en la pareja. A su vez lo reducido del tiempo compartido es otro factor conflictivo.

Para poder entender las vicisitudes de la migración en la pareja, debemos tener en cuenta los motivos que llevaron a la migración, en qué medida es un proyecto compartido o no, en qué circunstancias de la vida de la pareja se produce.

Es frecuente detectar conflictos en la pareja subyacentes al proyecto migratorio, cuando éste es voluntario, y la migración aparece como la fantasía de "empezar de nuevo". Parejas que buscan "recuperar" un estado de enamoramiento o tapar los conflictos y los desencuentros con una fascinación frente a un cambio de vida. A veces se detecta la necesidad de hacer un corte drástico con su historia previa y/o con las familias de origen, buscando una separación a nivel geográfico.

Así, la migración puede ser una manera de intentar desmentir una crisis familiar o personal, crisis que irrumpe con mayor intensidad al caer ese marco mudo de las certezas otorgadas por el ámbito cotidiano conocido.

Frente a la situación traumática de la migración, los integrantes de la pareja a veces intentan recrear con el otro un vínculo fusional, búsqueda de una visión monocorde, monofónica, difícil de sostener por lo ilusoria. Cuando esto fracasa, la ajenidad del otro se vuelve retraumatizante. La herida narcisística que buscaba cicatrizarse se vuelve a desgarrar. El otro de la pareja aparece como alguien peligrosamente ajeno. Caen las apoyaturas, surgen los reproches y los malentendidos, buscando en el otro la causa, el origen cierto del malestar.

Ahora el marco es desconocido, las experiencias cotidianas son otras, el choque con una cultura distinta, la lengua diferente. A veces se produce una idealización de la propia cultura, de su lugar de origen, como un rechazo de lo nuevo que exige trabajo psíquico.

En ese sentido, el análisis realizado en el idioma de los pacientes se constituye en un dispositivo que ofrece una membrana imaginaria. Frente a un verdadero desgarro de las envolturas psíquicas al que da lugar la migración, la creación de cierta membrana constituida por el idioma en común diferente de aquel del país en que se realiza el análisis, representa la construcción de una especie de envoltura narcisística transicional que podrá ser luego a su vez objeto de análisis. La membrana lingüística que rodea a pacientes y analista remite a lo que Anzieu (1985) denomina el espejo sonoro, previo al visual.

Este espacio vincular así construido es un ámbito que permite trabajar la sinergia, la conjunción de estas dos situaciones traumáticas que potencian la dificultad para asimilar lo ajeno en el vínculo y lo ajeno en el encuentro transcultural. Lo ajeno produce efectos porque no puede ser mentalizado. Es un intento de contener y trabajar la desestructuración a través de una estructura transicional mediatizadora. La negación de los conflictos iría en paralelo con un proceso de aculturación que implica la asimilación a veces precipitada de los valores de la nueva cultura. De todos modos, esto no es frecuente en los migrantes temporarios, que a veces pueden ser considerados nómades, porque no suelen volver a su lugar de origen, sino que van cambiando su lugar de afincamiento.

¿Cómo trabajar esta situación de "entre dos aguas", este acceso al biculturalismo, cuando esta permanencia es por tiempo limitado, y a veces hay negativa de establecer nuevos vínculos porque en ellos ya está incluido el duelo por tener que abandonarlos?

La posibilidad de integrar lo diferente del otro y lo diferente en la cultura nueva en la que se inserta la pareja puede dar lugar a un enriquecimiento del vínculo de pareja.

Una perspectiva con matices diferentes ofrece el trabajo con parejas transculturales, donde por ejemplo uno de los dos pertenece a la cultura local, también cultura del analista, y el otro a la cultura de la lengua en que se desarrolla el análisis.

El juego de inclusión-exclusión que puede producirse resignifica en el aquí y ahora el trabajo con lo diferente de la cultura y lo diferente del otro, que produce hostilidad. Esto puede llevar a la revisión de acuerdos inconscientes en la relación, en el marco de valores y creencias a veces muy diferentes, cambios en los roles de género, diferentes concepciones implícitas de lo que es "el nosotros" propios de cada cultura o también de cada una de las familias de origen.

El trabajo de construcción de este espacio compartido permite dar lugar a lo ajeno de la cultura y lo ajeno del otro sin aferrarse a un baluarte de lo propio, a una supuesta identidad cultural y/o personal (que no es tal), trabajando e intentando resignificar sus efectos traumatizantes. Esta creación de algo nuevo con espacios de encuentro, espacios de desencuentro y espacios de no encuentro, implica no solo ver desde el uno sino incluir la visión desde el otro, dejando de lado la búsqueda de una única verdad. Permite trabajar la desilusión complejizando el vínculo, dialéctica entre pertenencia al vínculo y subjetivación, espacio más abierto y creativo que permita dar lugar a la incertidumbre, a la pregunta, pero también a una nueva ilusión posible, condición para sustentar un proyecto en el encuentro de pareja y en el encuentro transcultural.

## *Bibliografía*

Ancona, L. (1987). Une source de la communication transpersonelle. La transculture. *Revue de psychothérapie psychanalytique de groupe. n.9/10.*

Anzieu, D. (1985). *Le moi-peau.* Dunod.

Aulagnier, P. (1991). El trabajo de la Interpretación. La función del placer en el trabajo analítico. En *Cuerpo, Historia, Interpretación.* Paidós.

Clériga Argüello, R. (2002). Psicoanálisis y transculturación. *Rev. Carta Psicoanalítica, nº 1.*

Gomel, Silvia; Gutman, Juana; Rojas, Maria Cristina; Sternbach, Susana. (1991). La inscripción de lo transcultural en el psiquismo individual. *Rev. AAPPG – Tomo XIV 1/2.*

Kaës, R. y otros. (1979). *Crisis, ruptura y superación.* Ediciones Cinco.

Kaës, R. et coll. (1998). *Différence culturelle et souffrances de l'identité.* Dunod.

Matus, S. & Selvatici, M. (1997). Lo negativo en el vínculo de pareja. En *Psicoanálisis de pareja. Del amor y sus bordes.* Paidós.

Profita, G. & Lo Mauro, V. (2003). Setting terapeutici come luoghi di ancoraggio comunitario. *Gruppi Vol. V, nº 1*, enero-abril.

Rodrigo Alsina, M. (1999). *Comunicación intercultural.* Anthropos.

Selvatici, M. (2005). Clínica con migrantes en su idioma materno. La lengua como puente entre culturas. *Congreso mundial de Psicoterapia.*

# 3. Transmisión del dolor psíquico en familias migrantes

*Celia Blini de Lima*

*Las alianzas son una invariante antropológica (...) ellas tienen en común, ya sea por estar en el núcleo de una pareja, de un grupo o de una familia, la capacidad de producir zonas de lo desconocido, de la incertidumbre, de la oscuridad que va más allá de las formaciones manifiestas (...) aunque sean totalmente inconscientes o no (...) y todas producen lo inconsciente como también hacen parte de la formación del inconsciente de cada sujeto.*

Kaës, Alianzas Inconscientes, p. 21.

En el presente trabajo quiero abordar principalmente la transmisión psíquica que ocurre de manera inconsciente como un factor que interviene silenciosamente en la constitución de un individuo, desde su nacimiento e incluso antes de ello, y que deja una herencia. Por lo tanto, el sujeto se convierte en un receptáculo de estos contenidos psíquicos no tratados y elaborados en la intergeneracionalidad, en la relación entre-generaciones, o sea, la que se da entre los padres e hijos cuando se preserva la alteridad y se respetan los bordes de la subjetividad. Además, las transmisiones pueden darse por la transgeneracionalidad y estar así unidas a situaciones que no son habladas y menos todavía elaboradas, las que permanecieron silenciadas y carentes de transformaciones en las generaciones anteriores. En vez de suceder *entre* los sujetos se dan *por medio* de ellos y atraviesan el psiquismo convirtiéndose en un imperativo de su formación personal. Son componentes en las alianzas inconscientes del grupo familiar, como una red de sustentación de lo que no fue dicho.

La influencia de estas alianzas inconscientes está presente de manera subliminar en todas las relaciones del grupo, especialmente en las relaciones familiares, siendo un factor que influye en la construcción de la subjetividad porque incluye el sueño de los padres al respecto de cada hijo, sus miedos, sus secretos y sus propias faltas en la formación del psiquismo de los padres. Considerando que el inconsciente materno participa desde el inicio de la gestación de la constitución del mundo mental de su hijo, por la transmisión psíquica formara parte de su psiquismo. Desde su nacimiento incluye también como es sentida la entrada del padre y el lugar que ocupa en la familia como señala Kaës (2009).

Este autor menciona que algunas alianzas inconscientes tienen la función de ser estructurantes de la vida psíquica, mientras que otras son claramente defensivas y, entre ellas, se puede señalar las que son alienantes, destructivas y hasta patológicas. Se fundamentan en la necesidad de intercambio entre los participantes de las relaciones intersubjetivas, transubjetivas y sociales. Muchas alianzas permanecen de forma inconsciente en los vínculos (pp. 14-15).

Este es un importante aspecto que debe ser tenido en cuenta inclusive en la investigación de migrantes, ya sea que se trate de migraciones regionales con sus valores específicos de convivencia social dentro del propio país o también en el caso de migraciones a diferentes países que están repletas de las especificidades de cada cultura, que se mezclan con los *inputs* que reciben de un nuevo contexto donde se asientan.

Weissmann (2012, p. 215) presenta una muy importante pregunta al respecto de cómo se juntan los registros de lo originario (de donde provienen las personas) y los registros actuales (donde prosiguen las vidas de estas personas). La cuestión parece señalar que ambos registros se entrelazan internamente dentro de cada sujeto, que la autora denomina *sujeto multicultural* debido a que es atravesado por mucho más que un rasgo de la cultura. Y debido a que nos construimos a partir de una relación con el otro y también por medio de los otros que contienen en sí otras pluralidades, entonces se crea un espacio que ella denomina *extranjeridad*, la condición de sentirse extraño o diferente del grupo que compone la nueva comunidad. Se trata de diferencias de costumbres, lenguajes en la comunicación, idioma, entonación en el habla (acento), alimentación y hasta valores sociales, culturales y de familia.

En las situaciones de migración siempre hay travesías y rupturas, especialmente del terruño o de la lengua materna en que empieza la constitución del sujeto psíquico, tal como afirma Freud (1919, p. 216) y que se pasa de lo conocido, familiar (*heimlich*) a lo extraño, ominoso (*unheimlich*), que es un lugar todavía totalmente desconocido. Se trata de una experiencia que exige de los migrantes una asimilación y adaptación a lo nuevo, pero que ya hacía parte de su interior, o sea, un trabajo extenso y profundo para elaborar las pérdidas, los sufrimientos y las nuevas adquisiciones ofrecidas por la nueva cultura.

Como en el presente trabajo estoy enfocando las posibles interferencias de la migración, como un factor que afecta y actúa en las condiciones psíquicas de los hijos y en la manera cómo se desarrollan los individuos, también deseo dejar claro que hay muchos más factores que también hacen parte de la constitución del sujeto que considero ser de suma importancia. Entre ellos, subrayo las condiciones psíquicas de las madres y las posibilidades de acoger a los hijos, como también el padre del niño en el ejercicio de la función de sustentación del vínculo primario. Probablemente toda la absorción de las experiencias que son el resultado de las vicisitudes de la vida que han tenido, el ambiente emocional que los recibió, todo esto constituye el comienzo de la subjetividad que, debido a la singularidad, recibe de formas diferentes las experiencias a las que han sido sometidos.

Es importante dejar claro en este momento que el trabajo con parejas y familias debe tener en cuenta las pluralidades de los vínculos que unen a las personas en el casamiento porque la atención clínica de parejas y familias tiene el objetivo de trabajar con los vínculos y alianzas conscientes e inconscientes que se dan en el par, en el grupo o en las familias. Sea cual fuere la estructura del vínculo, considero que las funciones materna y paterna no se definen por el género femenino y masculino, sino que son ejercidas por ambos cónyuges en el funcionamiento de los papeles materno y paterno, y no se cristalizan en una cuestión de género. Por lo tanto, no son funciones fijas ni en el hombre, ni en la mujer ya que se alternan en cada integrante del par según las posibilidades y disponibilidades que cada uno tiene. El trabajo clínico me ha permitido arribar a algunas consideraciones que pueden ayudarnos a comprender las experiencias que atraviesan las familias migrantes y en el presente texto voy a tratar de la atención clínica de dos parejas heterosexuales y sus hijos.

Al intentar definir cada vez más el presente trabajo y mi línea de pensamiento, en esta experiencia pude observar que, dentro de la familia, algunas funciones estaban adheridas a la cuestión de género como, por ejemplo, el sustento material que en ambas parejas estaba a cargo de las figuras masculinas. Se trata de matrimonios constituidos en una edad más madura, con más de 35 años con una visión más tradicional y conservadora del casamiento.

Analizaré dos experiencias de trabajo clínico con dos familias de migrantes por razones de trabajo; en un caso por traslado del lugar de trabajo de origen, y en el otro, por un reposicionamiento laboral, cuyas características de formación profesional, desarrollo y vida convergen en algunas coincidencias que despertaron mi interés para estudiarlos. Se trata de familias que han dejado su lugar de vida para ir en búsqueda de mejores recursos para la familia desde el punto de vista material y por eso han construido la secuencia de sus vidas muy alejados de sus orígenes. A una de las familias la llamaré Familia *Lopes,* la que ha salido de un estado brasileño en dirección a otro estado (Provincia) muy lejano, pero de acceso esporádico. La otra familia, que denomino Familia *Soares,* nunca más ha vuelto a su terruño. Aunque he usado estas experiencias juntas en la presente discusión, no se dieron de manera concomitante. Han sido situaciones vividas en tiempos muy distintos, pero que tenían un contenido parecido desde el punto de vista emocional. Esto me estimuló para comprender lo que había pasado en el seno de estas familias, buscando algún elemento que se mantenga constante o algún aspecto específico que me pudiera llevar a pensar en las interferencias en la vida de los niños.

Las dos parejas abandonaron su tierra natal, cada una con sus hijos de aproximadamente dos años. La Familia *Lopes* tenía una niña y la Familia *Soares*, un niño. Todos los cónyuges optaron por el cambio de vida buscando nuevas oportunidades de trabajo, estabilidad y felicidad. Por medio de las historias de vida de las dos familias observé que en ellos había un ideal de realización personal y de ocupar plenamente el cargo de provedor, algo que para ambos siempre había sido de suma importancia. Para el que se trasladó de un estado brasileño a otro, aunque se trató del mismo país había muchas diferencias en las culturas regionales, con valores intrínsecos distintos, pero incluso así la migración parecía ser muy favorable. Sin embargo, fue dable observar que, para el que había llegado de otro país, además de una situación de incomodidad por las diferencias culturales también había miedo, una gran expectativa de éxito, sentimientos de tristeza, de soledad y una decepción con el trabajo que había realizado en su tierra natal lo que se evidenciaba en una determinada hostilidad que manifestaba por su patria. Era como si portara dentro de sí el sentimiento de no reconocimiento y de rechazo. Para él quizás el cambio de vida era para buscar un refugio, la huida del dolor, la renovación de la esperanza, la creencia en la vida y hasta en su propio Yo, y el anhelo de encontrar ese lugar fuera de él mismo.

Para ambas familias, al principio lo nuevo puede haber funcionado como una promesa positiva. Claro que la mudanza de lugar estuvo determinada por despedidas y separaciones, pero con seguridad había sido una decisión que les provocó mucho sufrimiento a todos. Parecía que las dos parejas no tenían en cuenta este sufrimiento y trataban el cambio de vida como algo que pertenecía a sus destinos y que tendrían que seguirlos. Me he dado cuenta de que los dolores y las dificultadas provocados por estos cambios no han sido motivo de atención para los familiares. Tanto las esposas como sus respectivos maridos trataban estos hechos como algo que deberían realizar en ese momento y no tenían tiempo para charlar sobre apelaciones sentimentales, aunque no negaran las dificultades de adaptación y alojamiento iniciales. Las esposas han relatado que solo fueron notificadas de la decisión de migración, que no participaron de la decisión, pero que tuvieron seis meses para realizar definitivamente la mudanza de local. Mencionan también que cuando se enteraron de la noticia manifestaron miedo, preocupación y el sentimiento de inseguridad. Fueron escuchadas, pero no tuvieron ninguna respuesta relevante de sus respectivos maridos. Las familias de origen de las esposas apoyaron la decisión de que acompañaran a sus maridos por considerar que precisamente esa era una de las funciones matrimoniales de una mujer. En este hecho se puede apreciar la fuerte influencia de la generación anterior sobre las hijas, aunque ellas fueran adultas y hayan constituido una nueva familia. Las esposas demostraron una postura pasiva en la familia, tal vez debido al fuerte apelo cultural de la época. Es importante dejar claro que ellas no aportaban para el presupuesto familiar y, por lo tanto, eran dependientes en términos materiales, lo que reforzó más la tradición, ejerció una gran presión y también hizo prevalecer la posición de la esposa que sigue al marido donde sea que él vaya. Tal como mencioné recientemente, ninguna de las familias en sus relatos ha demostrado señales de suponer la intensidad del impacto emocional que habría provocado esa ruptura en sus hijos. Tampoco asociaron la secuencia de sus vidas con la separación, especialmente después de lograr una determinada estabilidad material en el nuevo sitio de vida. Al ser cuestionados sobre lo que sentían los hijos al respecto del cambio de vida, lejos del lugar donde habían sido criados, la respuesta era la siguiente: ellos eran muy chiquitos, no se van a acordar muy bien, tienen pocos y borrosos recuerdos, pero todo salió bien para ellos; fue bueno para la familia, entonces también fue bueno para los hijos.

Aunque Freud, en su artículo "El Malestar en la Cultura" (1929 [1930]), no haya examinado en profundidad el significado del trabajo para la economía libidinal, menciona que:

> *Ninguna otra técnica de orientación vital liga al individuo tan fuertemente a la realidad como la acentuación del trabajo, que por lo menos lo incorpora sólidamente a una parte de la realidad, a la comunidad humana (...) [el trabajo y la comunidad humana] permiten desplazar una parte muy considerable de los componentes narcisistas, agresivos y aún eróticos de la libido (p. 3027).*

En este sentido, el hecho de haberse focalizado en el trabajo debe haber servido temporariamente, a los cónyuges de ambas familias, para alejarse de sus sentimientos negativos o destructivos, para no entrar en contacto con las desilusiones sufridas, con las dificultades que tuvieron en el nuevo lugar en que fueron a vivir porque estaban buscando construir nuevos sitios seguros para sí y para sus respectivas familias, intentando encontrar su amor propio y la valoración de la sociedad. Ellos anhelaban el reconocimiento de su coraje y éxito debido a que en ese momento no tenían oportunidades en su tierra natal.

Los adultos, cuando eran cuestionados sobre el dolor de la separación de sus familiares, amigos y de la tierra natal, a menudo se mostraban resignados, como si estuvieran 'curados' de estos dolores. Reconocían el sufrimiento, pero querían olvidarlo o, como mínimo, no hablar del asunto.

Sobre la cuestión del olvido, Freud señala que (1929[1930], p. 3020):

> *Habiendo superado la concepción errónea de que el olvido, tan corriente para nosotros, significa la destrucción o aniquilación del resto mnemónico, nos inclinamos a la concepción contraria de que en la vida psíquica nada de lo una vez formado puede desaparecer jamás; todo se conserva de alguna manera y puede volver a surgir en circunstancias favorables.*

Aquí podemos recordar la célebre frase de que "el hombre es prehistórico", que lleva en sí la ancestralidad tal como vemos en el texto "Tótem y Tabú" (1917) y precisamente esa prehistoria es lo que constituye la subjetividad, sea de manera consciente o inconsciente. Por lo tanto, esta fuerza se añade a los conflictos de lo intrapsíquico provocando más complejidad en la formación del sujeto psíquico. Estoy segura de que la emigración acciona tal como lo expresa Berenstein (2007), un "acontecimiento, un evento"[1] importante que se va a sumar a todos los otros en la continuidad del desarrollo de los niños de estas familias junto con los sentimientos callados que siguen siendo transmitidos, quizás como una medida de protección y preservación del *status quo*, considerando que es un período de turbulencias.

He pensado en tratar la situación de abandonar el terruño como una circunstancia apropiada, precipitante de experiencias emocionales. Cuando las personas son proyectadas en una experiencia de vida, expuestas a vivencias inusitadas que exigen tener la capacidad de absorción y adaptación inmediatas y profundas, entonces se puede observar en qué condiciones emocionales se encuentran estos individuos. Tal como he mencionado, Berenstein (2007) nos recuerda que estas familias han sido puestas ante un acontecimiento que los proyectó violentamente a lo nuevo, lo distinto que al principio es inhóspito y hasta perseguidor.

Por supuesto que sabemos que para entrar en una experiencia de este tipo necesitamos una previa preparación. Por otra parte, también sabemos que solamente podremos reconocer y ver la preparación emocional, vivencias y demandas emocionales solo en la vigencia de la experiencia. En los casos aquí mencionados, he observado que las experiencias emocionales excedieron la capacidad de elaboración de los padres y los llevaron a depresiones, proyecciones y negaciones para poder seguir adelante.

Además de esto, es necesario que tengamos en cuenta que una parte de la continuidad de sus vidas se da en otro lugar, con sus características peculiares y extrañezas, sufriendo la acción del pacto

---

1 Acontecimiento o evento: implica una ruptura de lo anterior, se caracteriza por un movimiento imprevisible, no reconoce la objetividad, tampoco la causa ni el efecto. Permite la apertura hacia lo nuevo y quizás por eso conlleva una parte de violencia (Berenstein, 2007, p. 77).

de negación que incluye defensas como la desaprobación, la negación y el rechazo, un concepto en que Kaës (2009, p. 112) elucida la presencia de lo negativo en el vínculo porque, en verdad, el desamparo que provoca la nueva situación ha despertado sentimientos negativos que pasaron a hacer parte del vínculo de la pareja y del vínculo familiar, lo que no fue revelado. Por esto, aparecían desplazados en las intolerancias, silencios y miradas.

Desde su punto de vista, Kaës (2009) subraya que la familia o un grupo no es solamente un lugar amoroso, de realización de los deseos conscientes o inconscientes o de los anhelos que se van a hacer realidad porque también es un medio o lugar de la experiencia del odio, de la hostilidad, de la muerte y, especialmente, de lo impensable. Eso se complica más todavía si los sujetos portan en sus equipajes las situaciones que han sido transmitidas por la intergeneracionalidad y transgeneracionalidad sin tener conciencia de ello ni elaboración.

De una forma muy clara, Trachtenberg (2023) menciona que los hijos son los que reciben la carga emocional de lo que fue dicho y también de lo no dicho de la relación familiar, invadiendo así el espacio psíquico de los hijos, no respetando la cuestión de la alteridad y la fragilidad de un chico que está en fase de desarrollo bajo estas condiciones todavía más especiales. La autora defiende que:

> *El hijo, que está vulnerable debido a la necesidad de una investidura narcisista, permanece a disposición de lo que los padres le dicen o callan, perdiendo la oportunidad de interpretar con su propio psiquismo las verdades tanto familiares como vinculares. Es así que se convierte en receptáculo cautivo de un duelo que no ha sido elaborado, de un secreto o una vergüenza parentales que lo alienan de sí mismo, obligándolo a vivir una historia que, al menos en parte, no es suya (p. 32).*

En lo que respecta a las transmisiones intergeneracionales, el sujeto depositario de las experiencias mal trabajadas será un heredero de una transmisión contaminada por los residuos de las experiencias psíquicas, inconscientes que a menudo son irrepresentables y tóxicas. Además de esto, portará todo lo mencionado a otras generaciones bajo la forma de angustias sin nombre. Ello se pone de manifiesto, tal como dice Gomel (2014), en la forma de enfermedades psíquicas o físicas en el propio sujeto o en las generaciones que le siguen.

## *La dinámica de las familias Lopes y Soares*

*La historia silenciada es como un fantasma amenazador que acecha el ambiente familiar de forma permanente.*

Ana Rosa Trachtenberg

Recientemente he citado la condición emocional de los hombres cuando deciden salir de su tierra de origen. A su vez, las mujeres presentan un cuadro significativo y relativamente largo de depresión al llegar a su nuevo destino. Existe la posibilidad de que ya tuvieran una cierta tendencia a deprimirse, pero no la identificaban. Quizás por eso antes las cosas de la vida transcurrían bien, se sentían protegidas y poco exigidas. Quiero llamar la atención sobre el hecho que considero ser de suma importancia en la vida de ambas mujeres: ellas tenían en común un fuerte vínculo con la familia de origen, se habían casado más tarde en la vida y parecían estar muy apegadas a sus respectivos padres. La esposa de la Familia *Lopes* era la hija más grande, los padres habían manifestado ser contra el vínculo de su hija con su actual esposo y ni comparecieron al casamiento, alejándose de ellos hasta un tiempo posterior al nacimiento de la nieta. La esposa de la Familia *Soares* era la hija más chica y se casó ya de muy grande, precisamente cuando su familia no creía que un día ella iría a contraer matrimonio, pero esa unión finalmente fue aceptada por los familiares. Las dos eran muy apegadas a sus familias de origen porque fueron educadas más para ser hijas que para esposas y madres. Debido al casamiento, la esposa de la Familia *Lopes* rompió el vínculo, por primera vez con su familia, lo que relata con gran sufrimiento. Ella se aleja de su tierra apenas se restablecen las relaciones con la familia, lo que puede haber sido un agravante en esta mudanza. La esposa de la Familia *Soares* había sido acogida y ayudada por los familiares que la socorrieron en los cuidados del hijo, ofreciéndole las mejores condiciones posibles y por eso ella pensaba que nunca se sentiría amenazada. Sin embargo, ella se sorprende con la decisión del marido y el apoyo de la familia para que ella lo siga al nuevo destino. Así lo hace, pero sin saber exactamente cómo se estaba ubicando ante la aceptación de la familia y el deseo del marido para desplazarse de un lugar a otro.

Creo que podemos relacionar el estado depresivo de las madres como una representación de las condiciones emocionales en que se encontraban. Ellas vivían bien, probablemente mientras no fueran enfrentadas a las vicisitudes de la vida, en que serían puestas como protagonistas del nuevo lugar de vida, sin ninguna protección. Pienso que en su lugar natal ellas podrían demostrar más condiciones emocionales como el caso del niño que se siente fuerte y corajudo cuando está junto a los padres. Además del dolor de la separación, el miedo a lo nuevo, a lo desconocido, la experiencia puede iluminar los sentimientos reprimidos, olvidados, permitiendo que encuentren una forma de expresar otros dolores, incluso hasta los del nacimiento, la primera experiencia de desamparo vivida por el ser humano (Bion). Estas mujeres se han alejado de los familiares, amigos, de la propia cultura y, en el caso de la Familia *Lopes,* la esposa también abandonó el trabajo profesional que había ejercido por varios años con una determinada estabilidad y mucha satisfacción, aunque sin un sueldo bueno. El haber renunciado a todo eso le fue muy difícil porque también implicó en grandes pérdidas. Ella solo volvió a trabajar después de muchos años, sin haber recuperado totalmente la capacidad laboral y, además, con una sensación de inseguridad que nunca superó.

Otro aspecto semejante entre las dos situaciones familiares consiste en que ambas mujeres intentaron quedar embarazadas antes y después del hijo que efectivamente tuvieron. Sin embargo, el resultado para ellas fue tener que pasar por abortos. Por lo tanto, estamos ante familias de hijos únicos. Los abortos que sucedieron pueden ser considerados como los indicios inconscientes de la falta de recursos emocionales de estas madres que se presentaron antes del cambio de vida y siguieron después como si fuera una manera de confirmar que las dos estaban mucho más preparadas para ser únicamente hijas. Convertirse en madre significa despegarse de la función de hija para ejercer un puesto de liderazgo, o sea, salir del estado de sumisión. Avanzando en mis ideas, tal vez hasta sintieron que estaban traicionando a sus padres, lo que podría conllevar un fuerte sentimiento de culpa que, junto a la falta de preparación, puede constituir un factor para impedir un nuevo embarazo, una especie de 'ataque a los bebés', especialmente después de haber migrado. La decisión de mudarse a un lugar nuevo no llegó a ser un hecho que ellas consideraron como importante ni tampoco lo relacionaron con los estados emocionales. Lidiaron con esto como siendo algo que tenía que ver con el destino, el azar. Nunca mencionaron las pérdidas de embarazos como un factor que pueda haber modificado la constitución emocional de sus hijos, aunque estos lo sabían por haber participado o escuchado los relatos de los padres.

Las dos familias intentaron adaptarse dentro de las posibilidades. Establecieron un modo de funcionamiento que determinó los papeles muy definidos de ambas parejas, o sea, el marido era el encargado de suministrar los bienes materiales para satisfacer las necesidades fundamentales mientras que la esposa era la responsable por la educación del hijo, la administración doméstica y el cuidado de la casa. Este tipo de organización, además de empobrecer el vínculo matrimonial debido a la falta de diversidad en el desempeño de las funciones en la familia, también incentivó para que la alianza y la dependencia en la relación madre-hijo se hicieran más fuertes. Ambas mujeres, debilitadas y necesitando de una continencia emocional, no pudieron contener a sus hijos ante los estados que estos presentaban de aflicción y desamparo.

La situación depresiva de las dos madres, junto a la ruptura del ambiente original y la desconfiguración de todo el ambiente afectivo y material en que vivían los niños, con seguridad ha tenido un papel fundamental en la vida y el desarrollo de los pequeños. Tal como enfatiza Winnicott (1962) sabemos la importancia que tienen la condición ambiental que abarca a las relaciones de objeto y la condición material para la representación y reconocimiento del propio Yo y del sentido de seguridad interior en la etapa de la infancia. Tal como destaca el autor:

> *En condiciones suficientemente buenas el niño progresa; cuando esto no se da, las fuerzas en el sentido de la vida, de la integración de la personalidad y de la independencia permanecen ubicadas dentro del niño y, de una manera u otra tenderán a destruirlo o a provocar una pérdida de la realidad psíquica interna (p. 63).*

Estos chicos, haciendo parte de este cuadro maternal depresivo, se encontraron sin recursos para enfrentar tantas adversidades. Además de ello, podemos suponer el estado de extrañeza y desamparo que vivían en ese momento, sin esta mirada viva e interesada que les reflejara la imagen de confianza y seguridad que puede tener una presencia adulta, ni una mirada de confianza para crear la sensación de bienestar. Se trata de niños que son migrantes en una tierra extraña e inhóspita en que los padres estaban impactados totalmente por sus propios dolores, aflicciones, tareas, sintiéndose perdidos y esperando que alguien les tendiera una mano.

Si tenemos en cuenta el estado depresivo de las madres debido a los cortes y rupturas que sufrieron en el proceso de migración, podemos destacar que este hecho es un agravante más en la cuestión de la transmisión psíquica intergeneracional. André Green, en su libro *Narcisismo de Vida, Narcisismo de Muerte,* nos recuerda que, en este tipo de estados, que el autor define como de *madre muerta*, una progenitora realiza una desinvestidura de su hijo: los ojos maternos no logran reflejar vida ni pasión; se trata de ojos opacos que reflejan el vacío. De este modo, pueden volverse presentes en la ausencia, como también favorecer la construcción de la subjetividad, una identificación con un objeto desvitalizado, ausente en términos afectivos. Trachtenberg es de una claridad meridiana al declarar que "constituye un asesinato psíquico del objeto, sin odio, y el resultado de esto es un agujero en la trama de las relaciones de objeto con la madre" (1988, p. 98).

Las implicaciones de lo que acabé de mencionar parecen estar claras si las explicamos por una posible elección de objeto que se hace más por cuestiones de complementariedad que por amor. Pueden provocar la dificultad de amar porque producen sentimientos ambivalentes con relación a la elección amorosa, ya que el amor está congelado por la mirada opaca de la madre que anestesia y coloca el sentimiento de amor como estando indisponible. Dicho de otra forma, menciono las palabras de Trachtenberg: "El sujeto es rico, pero no puede disfrutar de la riqueza porque está hipotecada por la madre muerta" (1988, p. 98).

Este tipo de sujetos, investidos de esta forma, parece que están constantemente buscando autonomía. Quizás porque se sienten presos, pero pueden defenderse de sus relaciones amorosas mediante una repetición del vínculo frío que está internalizado, realizando una desinvestidura de la relación como si le tuvieran miedo a la decepción. Construyen vínculos, pero no se entregan totalmente a ellos, como si permanecieran esperando la llegada de la decepción. Operando de esta manera la relación se encuentra continuamente amenazada o siempre conducida por el determinismo de que la pareja es portadora de lo que se constituye en las primeras relaciones del objeto interno, buscando la estabilidad afectiva, pero sin poder ofrecerla. Esta escisión proyectada en el hijo, debido al dolor del proceso de duelo por la separación de las madres de sus respectivas tierras de origen, por las pérdidas que efectivamente han sufrido, puede convertirse para los hijos en un modelo de relación, en el que se destacan las identificaciones proyectivas.

No es posible precisar, con profundidad, que lo recién enunciado habría sucedido dentro del concepto de *madre muerta* de Green (1980) debido a que no he estado lo suficientemente cerca de estas madres y porque tampoco he podido seguir la evolución de sus estados emocionales, pero, sin embargo, estoy en condiciones de conjeturar que, si eso fuera una verdad, habría un agravante importantísimo en la transmisión psíquica tanto en la intergeneracionalidad como en la transgeneracionalidad.

Ambas esposas, a pesar de acompañar a sus respectivos maridos, en aquel momento no se mostraron convencidas o deseantes de hacerlo, sino que los siguieron para cumplir el papel que se les exigía en las familias y también por ser una demanda de la sociedad. Daba la impresión de que ellas se sentían traicionadas por sus maridos porque ellos les habían jurado que las harían felices. Pienso que ellas guardaban dentro de sí una determinada hostilidad, un estado de revuelta, mucho más que la sensación de aceptación o resignación. Al sentirse fuera de sintonía en la relación con sus maridos, ellas se dedicaron a sus hijos y constituyeron una alianza consciente e inconsciente que, de alguna manera, tuvo la función de tapar sus faltas y miedos.

Uso la analogía para abordar un concepto desarrollado por Spivacow (2011) y que ha sido presentado en el texto "La pareja en conflicto": la *seudocomplementariedad* o una identidad complementaria en la relación de pareja para darse en el par madre-hijo. De este modo, al sustituir el marido como compañero realiza una alianza con el hijo de la siguiente manera: aparece la intención de suministrar total asistencia a los hijos y se muestra muy dedicada a atenderlos. Estas madres de hecho están intentando resolver sus propios vacíos y frustraciones. Por lo tanto, se trata de una relación apoyada en una necesidad personal de enfrentar la propia desesperación ante su estado de desamparo; el foco principal no es el hijo sino una elección narcisista que sirve para intentar curar estos estados del propio Yo (p.94).

El autor añade: "esta falsa complementariedad" puede ser una manera de desplazar y evitar los conflictos y, además, somete al otro a desarrollarse en este preciso lugar. Estoy refiriéndome a un lugar determinado de manera inconsciente por la madre, que más allá de todo posee un significado especial y significativo en el desarrollo de un hijo, tal como diría Ferenczi, por todo lo conlleva la vida psíquica cuando la palabra y el deseo, implícito o explícito, proviene de los padres.

Berenstein (2007, p. 125) afirma que este tipo de formación del par, en que no se determinan claramente las fronteras que separan el Yo del otro, o sea, cuando están completamente borradas, equivaldría a un estado de fusión o indiferenciación en que predominan los mecanismos identificatorios, una formación narcisista que consiste en apropiarse de una cualidad del otro. Así el sujeto sería como el otro, o sea, se trata de una identificación interna.

En las situaciones aquí citadas identificados con un estado de desamparo, las madres e hijos se unen y la unión hace la fuerza de sustentación en este momento de la vida. Saca a la madre del estado de soledad y le da un nuevo sentido a su vida, además de acoger al hijo. Dicho de otro modo, se realiza una transferencia simbiótica en la relación madre-hijo, o sea, una relación narcisista. José Bleger (1983) en su obra *Simbiosis y Ambigüedad*, declara que "(...) la simbiosis es 'muda' y solamente muestra una notoria sintomatología cuando se rompe" (p. 21).

Al observar en la evolución de las dos familias que esta formación narcisista, en los vínculos madre-hijo, ha tenido pocas manifestaciones de la existencia del Yo de cada uno es una continuidad; solamente se podría producir discontinuidad cuando exista un desencuentro con el otro. Para estos niños existir se convertía en algo muy complejo porque tenían que aguantar las reprimendas, el fracaso, la hostilidad y el miedo de aniquilación. Como si fuera poco, estos momentos eran vivenciados en un clima de angustia y provocaban sentimiento de culpa. Al desafío de crecer y conquistar autonomía los sentían como traicionar y abandonar. Los niños tenían una existencia mucho más determinada para la suplencia de las faltas de la madre que para tener satisfechas sus necesidades, las que parecían no ser vistas o tenidas en cuenta. Es así como vemos el funcionamiento de la regulación del vínculo simbiótico, de acuerdo con José Bleger: "(...) por un lado y hasta cierto punto con la actividad sexual, y por el otro, con el refuerzo o aumento de la persecución" (1985, p. 79).

De acuerdo con Bleichmar (1987), la relación puede provocar que el Yo trate al otro como si éste fuese algo que posee -mi hijo, mi marido, etc. De este modo, los objetos constituyen las posesiones narcisistas del Yo que actúan y crean una correspondencia entre los dos objetos. La cuestión de poseer se da para los aspectos que son valorados por el otro. En el caso del presente trabajo no he tenido en cuenta este asunto, aunque sé que puede estar presente. Le he dado énfasis a la posesión por el vaciado de la angustia en el otro, sea por proyección o invasión. Bleichmar (1987) menciona que la operación de pose tiene la capacidad de producir efectos imaginarios tales como la unión como una salida para la soledad. Incluso hasta en el sintagma que se usa "mi hijo" se puede observar el narcisismo de los padres y es una expresión que puede producir efectos de sentido involuntario (pp. 34, 35).

En los casos clínicos que analizo, tanto en el vínculo madre-hijo con un carácter simbiótico como en la relación sustituta del par conyugal (estando roto, de cierta manera) la culpa provocada por la amenaza de ruptura se convierte en un regulador eficiente porque se acciona cada vez que hay una amenaza al vínculo o, de otra manera, en el ejercicio de la subjetividad. Cuando se trata de los niños, que están sometidos a otras influencias de la vida (amigos, compañeros de escuela, etc.) ellos pueden desarrollar actitudes para ejercer su autonomía en oposición a lo que fue designado por el par simbiótico. La cuestión sexual puede estar ubicada en lo simbólico de la relación madre-hijo, pero no la he considerado en el presente trabajo. Sin embargo, podría incluirse la posibilidad de que estas madres tengan cuestiones edípicas que están mal resueltas. También se puede pensar que este tipo de vínculo puede haber interferido en la secuencia de la vida de estos niños, en la formación de sus vínculos amorosos.

Estoy de acuerdo con Berenstein (2007), cuando menciona la importancia que tiene la complejidad de los vínculos por la construcción particular en el seno de cada familia, una vez que son formados dentro de una propuesta en que hay compromisos recíprocos entre las personas, en que están implícitos los derechos y también los deberes, conscientes e inconscientes, debido a que cada uno trae en su interior una historia de su pasado y una identidad. Cualquier actitud subjetiva que no ha sido compartida puede ser vivida como un fracaso, como una amenaza al vínculo, un proceso de desestabilización y puede generar un clima paranoico en que ambos integrantes del par van construyendo defensas para enfrentar a esta amenaza implícita de destrucción o violencia (pp. 108-113).

Tanto la hija de la Familia *Lopes* como el hijo de la Familia *Soares*, cuando ya eran adultos presentaron dificultades para relacionarse con los otros y para construir vínculos. Así como he encontrado muchas similitudes también me he deparado con diferentes actitudes para enfrentar las dificultades enunciadas. En la Familia *Lopes*, la hija incluso antes de que terminara los estudios intentó alejarse de la familia mediante un curso en el exterior, una búsqueda ansiosa por deshacerse de los nudos de la trama familiar. Apenas concluyó la formación profesional, consiguió un trabajo y se fue a vivir sola. Parece mostrar que tiene facilidad para conocer a personas, pero se separa de ellas con la misma rapidez con que se une, sin un compromiso serio porque establece vínculos débiles con los demás. Entra en muy poco contacto con la familia, y deja en un estado de vacío y soledad a su figura materna, quien tiene una relación muy difícil con el marido. Sus compromisos amorosos son cortos y pasajeros, dice que desea divertirse, que no quiere apegarse a nada, mucho menos a una persona y se muestra arrogante ante cualquier posibilidad de dependencia. Hasta ahora nunca tuvo una relación que le haya durado bastante, que se acercase a constituir un vínculo sólido. Ella cree que con sus actitudes de alejamiento de la figura materna habría quebrado la alianza del tipo posesiva-aprisonadora. Que así ella se libró aparentemente de la influencia de este tipo de vínculo, pero no la eximió de la dificultad de verdaderamente construir lazos en que fácilmente sería llevada a entregarse y permanecer bajo el dominio del otro. Es muy común observar medidas prácticas y simples que se usan para enfrentar situaciones externas. Cuando la situación es interna implica alta complejidad y falta de conocimiento sobre ellas y elaboración. Por lo general son medidas ineficientes ya que no logran satisfacer la demanda real interna, por eso van creando continuas tentativas de resoluciones externas insatisfactorias.

En el caso de la Familia *Soares*, el hijo creció según el deseo de la madre y se constituyó como un integrante de la familia con la responsabilidad de ayudar, salvar a los padres y hacerlos felices. Todo lo que él eligió siempre tuvo que pasar por la aprobación, especialmente, de su madre quien le manifestaba la decepción cuando él elegía algo distinto de lo que ella esperaba. Como si el desencuentro, las diferencias fueran una manifestación de falta de amor y el encuentro, por lo tanto, la aceptación y la representación del vínculo amoroso perfecto y el correspondiente compromiso. Es dable observar la seudocomplementariedad que, cuando un hijo realiza efectivamente lo que desea, entonces es sentido como que deja de atender el deseo de la madre, o sea, una vivencia ambigua donde la gracia de uno puede ser la desgracia del otro. En el caso que analizo, el hijo fue destinado a seguir cumpliendo esta función y no fue preparado para vivir su propia vida, una de las funciones primordiales que tiene una familia. Aunque él contrajo matrimonio, seguía manteniendo el pacto inconsciente de atender el deseo de la madre, de cuidarla y ser el guardián de la felicidad atendiendo a todas las demandas en carácter de prioridad absoluta. Por ello, asumir el liderazgo de una nueva familia le era sumamente difícil ya que aparecía siempre la contraparte que consistía en 'dejar a su primera familia abandonada a la deriva'. El agravante de ser hijo único de una pareja de migrantes provocó que tuviera pocos lazos de importancia en este país y lo incentivó a ocupar el lugar de cuidador y responsable por el bienestar de sus progenitores. La consecuencia de eso fue una sobrecarga en la relación con la esposa porque era precisamente a ella que le transfería la demanda de comprensión y tolerancia ante esta situación. Esta posición frente a la esposa le provocaba culpa y persecución a este hijo/esclavo de sus identificaciones, proyecciones y por ocupar el lugar del que *transporta* el deseo de la madre para otras generaciones Kaës (2009).

Teniendo en cuenta estas observaciones, puedo suponer que las interferencias de situaciones emocionales oriundas de las familias de origen en condiciones de migración pueden hacer que los cónyuges, en la formación de una nueva familia, se enfrenten a adaptaciones y reorganizaciones, pero no se dan sin el impacto negativo en la conyugalidad y en el ejercicio de la parentalidad.

La idea recién mencionada de 'transportar' fue desarrollada por Kaës (2007) pero, tal como refiere el propio autor, atraviesa toda la obra de Freud porque este siempre se refirió, de una manera u otra, a los pasajes -lo de dentro y lo de afuera, lo inconsciente y lo consciente, el sueño y los estados de vigilia, la fantasía y la realidad, entre otros. Kaës aborda este tema y considera que los sujetos realizan funciones intermedias en los pasajes entre los espacios psíquicos y los compartidos. Las personas que ejercen estas funciones *fóricas* son las portadoras y también son llevadas por ellas porque poseen "una consistencia específica, simultánea en los campos intrapsíquico e intersubjetivo" (p. 158).

Es importante considerar que este autor diferencia el concepto de depositario o de portavoz del grupo familiar en la medida en que considera al sujeto del grupo familiar como siendo un sujeto del inconsciente, o sea, sujeto del grupo, el grupo y el sujeto del grupo dentro del vértice psicoanalítico. De esta manera, el sujeto que asume la función de ser el porta-palabra, porta-sueño o porta-síntoma, porta-pensamiento,[2] entra en el juego de la relación por el movimiento de su propio deseo inconsciente, su historia y su propio modo de ser y al que le es delegado en el vínculo como

2 Porta-pensamiento es una referencia de Kaës, quien se inspiró en Bion por entender que la madre junto con el padre en la función de porta-palabra introduce por la función de pensar, la capacidad de pensar.

sujeto del grupo. Esta es otra referencia que podemos usar en los casos familiares aquí mencionados. Podemos decir que el hijo de cada familia puede ser colocado en la función *fórica*, como representante de lo no dicho, de las fantasías, de los conflictos y los síntomas de los otros integrantes de su grupo familiar.

En esta observación familiar fue dable observar la urgencia para atender y cuidar a los padres, lo que se convirtió en un regulador muy eficiente y aprisionador que influyó en las elecciones y actitudes. Esto se extiende a otros sectores de la vida del sujeto, especialmente se comprueba en el caso de la Familia *Soares*. Se repetía esta forma de vínculo en que predomina el sometimiento en las relaciones con la 'aparente' concordancia, pero sin el saber. Sin embargo, en su interior ha permanecido almacenado mucho odio y hostilidad que afectó todas las relaciones. Tuvo dificultades para confiar en los otros y para separar, diferenciar quién de hecho entraba en su vida para 'agregar' y quien para 'usurpar'. En las relaciones se estableció un embrollo tal que provocó alianzas, incluso en el ámbito profesional, muy decepcionantes y que efectivamente lo perjudicaron. Lo atribuyo al hecho de que su vínculo más fuerte fue construido con la figura materna, quien de alguna manera 'secuestró' la posibilidad de realizar otros vínculos, construir una forma propia de elegir y de hacer sus investiduras libidinales. Fue por la vida transportando la personalidad de las 'seguridades absolutas' que, accionando como en una modalidad automática, define lo que elige. No parece que haya aprovechado los resultados de las buenas elecciones que realizó y que podrían haberle servido como una fuerza para confiar en las personas y en lo nuevo que estaría por suceder en la vida porque su entrega a las cosas siempre había sido de carácter parcial.

Las situaciones familiares enunciadas expresan la manera cómo estos hijos han buscado reaccionar, de modos distintos, a la seudo-complementariedad, -una demanda inconsciente y determinante

-mediante la fuga y el alejamiento o permaneciendo fijos, presos o con un pacto oculto. Sea como fuere, ambos estaban atados a la referencia familiar, no podían ser libres, se sentían como sitiados y vigilados.

En la Familia *Lopes*, el desmentido de que la hija sería la compañera de su madre y la realizadora de los deseos de ésta para siempre; y en la Familia *Soares*, la confirmación que se mantiene de realizar el deseo de la figura materna, todos ellos me hacen pensar que promueven la alienación y provocan perturbación. También he pensado que estas proyecciones maternas han encontrado en los hijos el probable deseo de autoalienación, como diría Piera Aulagnier. No se trata de ejemplos de alianzas de victimización, sino que supone la cuestión de la complementariedad. Estos chicos sufridores desde el principio de la vida y por características personales se convierten en un campo propicio para estos encuentros y para determinados tipos de proyecciones porque todos ellos, madres e hijos, intentan alejarse del dolor.

Aquí vemos que el conflicto no es enfrentado y se recoloca de formas distintas en otras situaciones de la vida pudiendo perpetuar el autoengaño y la evitación -la ilusión acá mantiene guardada la explicitación del conflicto.

Tal como señala Spivacow (2011, p. 102):

> *La elusión es un funcionamiento que se sostiene en lo intersubjetivo, mediante alianzas inconscientes y funcionamiento intra, generalmente del orden de la desmentida y o represión.*

Tal como he mencionado antes, estas salidas pueden satisfacer el alejamiento del dolor, del miedo, de la desesperación frente al desamparo y la falta de preparación emocional. Sin embargo, por otra parte, dificultan, empobrecen, retardan e impiden el desarrollo de las personas. Los daños son inevitables y si no hay una intervención terapéutica que pueda seguir este proceso de revelación, la vida va a continuar en este camino dentro de la familia. La aceptación del trabajo de análisis puede arribar a buenos resultados, pero incluso así no hay una garantía. La salida, en términos de salud mental, sería buscar el verdadero Yo que ha quedado sofocado debido al desarrollo de un falso *self*, la consecuencia de una demanda materna y de un estado personal de los niños que ha ayudado en las proyecciones y complementaciones de las deficiencias ambientales.

## *Las familias y sus culturas*

Teniendo en cuenta que estas familias se vieron forzadas a realizar una experiencia que no había sido planeada ni siquiera pensada, ellas fueron sometidas a rupturas "violentas", irreversibles, que en estos casos o son asimiladas y hacen crecer, o pueden desencadenar desorganizaciones psíquicas que aparecen en uno o más integrantes de la familia, pero en verdad, siempre tienen consecuencias. Además, como sucedió con estas dos familias, pueden provocar un encierro en sí mismas con pocas relaciones y un sentimiento de desconfianza, además de una transmisión psíquica a las generaciones posteriores.

La migración impone que la cultura que se construye en una familia se coloque en otra cultura distinta y que, aunque puedan tener algunos puntos de identificación, es necesario que realicen una adaptación a lo nuevo y a lo extraño. La llegada de personas nuevas a una comunidad, que pueden ser vistas como extrañas o "extranjeras" incluso cuando provengan del mismo país, puede ser vivenciada como propicia para que aparezcan emociones que estaban escondidas o reprimidas, tanto en quien llega como en quien los recibe. La reacción más común en el grupo que recibe es querer neutralizar todo lo que es diferente y extraño para que todo siga igual como siempre y esto puede ser vivido por la familia migrante como un factor violento y arrasador.

Otra manera de reacción contra el grupo nuevo puede ayudar a que se retraigan y se apoyen en sus valores, creando así un "cuerpo extraño" a la cultura en que ese traslado se insertó. Se trata de una reacción provocando una acción y viceversa. Además de esto, la cultura puede rechazar o no acoger a los migrantes y tratarlos como extranjeros en su territorio. Es como si un cuerpo no logra reconocer una célula de sí mismo y reacciona para combatirla como si fuera una parte extraña, amenazadora y es así que la ataca como un modo de defensa. Lo mismo puede suceder con una familia migrante: puede ser atacada, segregada o puede llevarla al aislamiento y/o a la no aceptación. La tendencia es que sean recibidos por pocos amigos que, al igual que ellos, son migrantes, como fue el caso de ambas familias. Con ellos procuran identificaciones y apoyos, formando así una comunidad restringida y particular.

Las familias, en estas condiciones, pueden sentirse amenazadas y desarrollar un proceso de desadaptación, la no integración o, por medio de una defensa pueden convertirse en células cerradas en sí mismas con poco o ningún espacio para lo diferente. De ese modo, mantienen sus valores protegidos y valorizados; pueden crear todavía más hostilidad del grupo en el que ahora están insertados, perpetuando la sensación de 'extranjeridad' y así impiden las mezclas, el mestizaje. En realidad, este tipo de experiencias se manifiestan en la forma de criar a los hijos que llegaron a la nueva tierra siendo niños y cuyas características psíquicas podrán pasar de una generación a otra. El impulso de las influencias inconscientes y de la dinámica que se establece en las relaciones familiares se convierte en la única fuerza de formación del grupo familiar y en la acción sobre la personalidad de los integrantes de la familia, especialmente en los que están empezando su desarrollo. Para un niño que no tiene palabras para expresar sus emociones e inquietudes, pero que sin ninguna duda las siente y no ha sido visto y reconocido en sus sentimientos, eso puede implicar en más complejidad en el interjuego de las relaciones conscientes e inconscientes entre los miembros de la familia y también con la cultura continente de la migración. Dicho de otra manera, estar fuera de la familia es estar sin el sistema de seguridad, y estar dentro de la familia es tener partes que no se conectan y se diferencian de los valores intrínsecos de ella. Es una trama de relaciones difícil de ser vivida y comprendida, pero que, como no podría dejar de ser, entra como un factor determinante en la constitución del psiquismo de los niños.

Debido a que han perdido la familiaridad con las costumbres de su tierra natal es natural que lo distinto pueda ser vivido o sentido como algo amenazador, que puede ir desde hacer mal hasta provocar la desintegración de la unión familiar. De este modo se construye una barrera para evitar tener contacto con el exterior.

Freud (1929[1930]) subraya que para alejarse del sufrimiento que es el resultado de las relaciones humanas o de las decepciones vividas, podemos usar la defensa más inmediata que consiste en el aislamiento voluntario. Además de encerrarse en el propio Yo, podemos pensar en el cierre de la familia y en la proyección del miedo de ser invadida (p. 96).

Y el autor prosigue así:

> *(...) la familia no abandona al individuo; cuanto más estrechamente estén vinculados los miembros de una familia con más frecuencia tienden a apartarse de los otros y más difícil les es ingresar en el círculo más amplio de la ciudad (p.123).*

Las familias que son tan cerradas permiten muy pocas interferencias. La autorización que dan para ingresar está determinada por las similitudes porque las diferencias amenazan y pueden provocar cuestionamientos que no se desean. Precisa haber motivos internos y que se los considere importantes para aceptar la interferencia, incluso de un tratamiento, porque se estructuran para dar cuenta de todo mediante ellos mismos o, como máximo, junto a los elegidos como figuras de confianza.

Pude observar que la educación está siguiendo las reglas que deberían ser cumplidas, con la finalidad de adecuarse y obtener buenos resultados en todos los sectores de la vida. No era un foco de atención de los padres el observar a sus hijos en las manifestaciones o actitudes para intentar un acercamiento en lo que para éstos fuera de suma importancia. Tampoco parecía que se preocupaban en cómo dejar el legado de experiencias para los hijos. Se priorizaban las actitudes más presentes y eran reforzados los buenos resultados. Parecía que había una referencia usada y era si la actitud de los hijos se acercaba o no del ideal, de lo esperado por los padres. No he observado preocupación en este período de atención clínica por la construcción del sentimiento de estima de sí de los chicos. No entraba en discusión cómo se sentían los hijos, si estaban felices o no. Lo que había eran elogios a los buenos comportamientos y el respeto a las tradiciones familiares que eran transmitidas mediante presiones narcisistas.

La historia de los chicos fue narrada sin tener en cuenta los sentimientos y el sufrimiento que habían pasado, lo que me pareció mostrar el desconocimiento de una vida interior. Los hechos, fechas, éxitos y fracasos eran muy valorados, además del apego y el apelo a las tradiciones de origen. Estos padres solo tenían en cuenta lo que veían y lo que era evidente, explícito.

A consecuencia de eso, pude observar que los hijos desarrollaron un determinado comportamiento ante el panorama que les fue transmitido por los padres de un mundo amenazante, del que deberían protegerse y proyectar un futuro nada alentador, que deberían temer. El comportamiento de los chicos fue de ponerse en posición de defensa, tanto para esquivarse de las situaciones y para no investir libido en los vínculos (tal como sucedió con la Familia *Soares*) como para usar el mecanismo de defensa de la negación frente a la amenaza que fue sustituida por la fantasía de omnipotencia de que con ellos no iba a pasar nada malo (tal como sucedió con la Familia *Lopes*).

Los dos hijos se encontraban bajo el dominio del miedo que paraliza, que dificulta o impide el crecimiento o también estaban en posición de negar el miedo, lo que pone al sujeto en situaciones de peligro, sin la debida preparación, dominado por las fantasías omnipotentes de poder vencer todos los obstáculos. A pesar de que ellos habían buscado salidas en dirección a la autonomía, alejándose en términos físicos de sus padres, el objeto de la relación (la madre, el padre) que un día los influyeron de afuera se convirtieron en objetos internos que se mantuvieron en la función *fórica*, continente de contenidos psíquicos transmitidos y determinando las elecciones de los hijos. Se puede pensar que la hija de la Familia *Lopes* pudo tener más recursos internos para escoger alejarse del núcleo familiar. Esta actitud le dio la oportunidad de tener nuevas experiencias e influencias, pero no me parece que hayan sido suficientes como para resolver los conflictos internos y tampoco abrió espacio para la búsqueda de su autoconocimiento. Se separa de lo externo, pero no lo hace en su interior que, de hecho, le provocaría un cambio psíquico.

Debido a las condiciones emocionales que tenían estas familias en el momento en que migraron, y las dificultades que encontraron cuando entraron en contacto con una nueva cultura, puedo suponer que ese ha sido un ambiente precario que acogió a los niños y en que ellos crecieron, heridos y carentes desde el punto de vista del narcisismo. Estas faltas se extienden también a los padres. Por lo tanto, me hago la siguiente pregunta: ¿Qué objeto les queda para amar que no sea ellos mismos para enfrentar con tanta vulnerabilidad? Se convierten en personas mucho más individualistas, con dificultades para relacionarse. Se organizan a partir de estructuras y transferencias narcisistas; sea como sea el narcisismo ocupa el lugar central. Pero, este individualismo es compartido, mantenido por medio de lazos sanguíneos y de parentesco; por miedo a la ruptura o desintegración familiar y, también, por el compromiso de ser felices. Soy de la opinión que el pacto inconsciente y la idealización de la familia pueden haber sido los pilares que han mantenido a estos grupos funcionando de esta manera.

La propuesta realizada por la familia, reforzada por la sociedad y la cultura de que el hombre tiene que aguantar todo lo que se le exige, no considera los límites de la constitución mental de las personas ni incluye la imposibilidad de que algo sea realizado. A pesar de presumir que se tiene una capacidad extraordinaria de satisfacer las exigencias, el hombre no puede ni logra negarse a sí mismo ni a sus impulsos conscientes e inconscientes.

Como menciona Freud (1929[1930], p. 168): "(...) en el caso de que se le exija demasiado a un hombre, se producirá una revuelta o neurosis, o él será infeliz".

Otros autores lo dicen de manera distinta, como es el caso de Trachtenberg (2023) quien señala que una vez que las experiencias no encuentran un campo en la subjetividad para ser habladas y simbolizadas pueden manifestarse en su continuidad por medio de enfermedades físicas o psíquicas, en el propio sujeto o en las generaciones siguientes, como partes escindidas del Yo que recaen sobre los sujetos elegidos de manera narcisista e inconsciente (p. 37).

Defiendo que estas familias en que los maridos han buscado salidas para sus propias frustraciones y decepciones, las esposas los han seguido sin que haya sido su deseo, o sea, una situación de casi sin-decisión, y los niños fueron empujados a una situación sin continencia ni acogimiento, sumergidos en el desamparo. Estos son ejemplos de la vivencia de sentimientos de revuelta y de infelicidad. Si no se encuentra en sí mismo el deseo y la fuerza para enfrentar las experiencias y la búsqueda de su resignificación, habrá dificultades para liberarse del dominio de estas internalizaciones con el objetivo de construir la propia historia. Sin haber elaboración, las experiencias tienden a repetirse, o como diría Bion (1997) funcionan como pensamientos sin pensador en búsqueda del sentido.

## *Referencias*

Aulagnier, P. (1986). *La Violencia de la interpretación*. Amorrotu (1977).

Berenstein, I. (2007). *Del Ser al Hacer*. Paidós.

Bion, W. (1997). *Domesticando pensamentos selvagens*. Blucher, 2016.

Bleichmar, H. (1987). *O Narcisismo*. Artes Médicas.

Bleger, J. (1985), *Simbiose e Ambiguidade*. Livraria Francisco Alves Editora.

Freud, S. (1929/1930). O mal-estar na civilização. En *Obras completas, Vol. XXI*. Imago, 1969.

Freud, S. (1929/1930). El Malestar en la Cultura. En *Obras Completas, Vol. VIII* (traducción de Luis López Ballesteros). Biblioteca Nueva, 1972.

Freud, S. (1914). Sobre o Narcisismo: uma introdução. En *Obras completas, Vol. XIV*. Imago, 1969.

Freud, S. (1914). Recordar, Repetir, Elaborar. En *Obras completas, Vol. XII*. Imago, 1969.

Freud, S. (1919). O Estranho. En *Obras completas, Vol. XVII*. Imago, 1969.

Freud, S. (1976). Totem e Tabu. En *Obras completas, Vol. XIII*. Imago, 1969.

Green, A. (1980). *Narcisismo de vida, narcisismo de morte*. Escuta, 1988.

Kaës, R. (2007). *Um Singular plural, a psicanálise à prova do grupo*. Edições Loyola, 2011.

Kaës, R. (2009). *As Alianças Inconscientes*. Ideias & Letras, 2014.

Minerbo M. (2013). Ser e Sofrer Hoje. *Revista Ide* 55, SBPSP.

Trachtenberg, A.R. C. (2023). *Transgeracionalidade/Transgeracionalidade. Holocausto e dores sociais*. Blucher.

Spivacow, M.A. (2011). *La Pareja em Conflicto, Aportes Psicoanalíticos*. Paidós.

Weissmann, L. (2012). Sujeitos Multiculturais? Cidadãos do Mundo? En *Diálogos Psicanalíticos Sobre Casal e Familia*, organizado por Gomes, Fernandes y Levisky. Zagodoni, 2011.

Winnicott, D. W. (1983). *O Ambiente e os Processos de Maturação*. Artes Médicas, 1990.

# 4. Migraciones, herencias inter y transgeneracionales

*Ana Rosa Chait Trachtenberg*

¿Dónde habrá empezado mi interés por el tema de la esclavitud negra en Brasil, como psicoanalista? Quizás tenga que remontarme a mis vivencias de infancia, a mis orígenes, a mi historia familiar, a mi adolescencia y a la convivencia con compañeros y familiares. Vamos entonces: nací y crecí en Porto Alegre, en el sur de Brasil. Soy hija de refugiados judíos polacos pobres, que se aventuraron a un lugar completamente desconocido entre las dos guerras mundiales, para salvar sus vidas del antisemitismo y el nazismo de Europa. Los familiares que permanecieron allí quedaron diezmados. Soy la primera generación en Brasil y un descendiente "indirecto" de sobrevivientes de la Shoah/Holocausto.

Nieta de religiosos y manteniendo todas las tradiciones del judaísmo, crecí escuchando año tras año la Haggadah – el libro de oraciones de Pesaj (que significa pasaje) – de que los judíos éramos esclavos en Egipto, liberados por Moisés, y que es nuestra obligación, como pueblo, leer y contar esta historia año tras año, para todas las generaciones.

Quiero reproducir aquí palabras del rabino Lord Jonathan Sacks (2013), que me ayudan a allanar el camino para lo que quiero explicar más adelante.

> *POR QUÉ RECORDAR*
>
> *El Seder de Pesaj es el momento en el que nos reunimos con toda la familia y volvemos a contar la historia del Éxodo de Egipto, que tuvo lugar hace más de 3000 años. Pero hacemos más que volver a contarlo. Lo revivimos. Comemos el pan sin levadura de la aflicción, probamos las hierbas amargas de la esclavitud y bebemos las cuatro copas del vino de la libertad. Conozco pocas ocasiones en las que la historia se representa de forma tan vívida. Sientes que has estado allí. Como parte de la ceremonia, decimos: 'en cada generación, cada uno de nosotros debería sentir como si hubiésemos salido de Egipto'. Y eso es lo que hacemos. En Pesaj transformamos la historia en memoria viva. Pero ¿por qué es tan importante recordar lo que pasó hace tanto tiempo? La respuesta es la celebración misma. Si queremos valorar y proteger la libertad, debemos recordar la alternativa: el pan de la aflicción y las hierbas amargas de la esclavitud. Cada nueva generación debe aprender ahora cómo se luchó por la libertad y cómo se ganó dolorosamente. La memoria es la mejor guardiana de nuestra libertad.*

Ahora vuelvo al barrio donde crecí, conocido como Colônia Africana. Barrio de negros y judíos pobres. Mi ciudad tiene colinas, en la cima están las zonas abastadas. Mi barrio: calle Esperanza (cuesta abajo) y calle Libertad (abajo). Al parecer, los esclavos huyeron de la "casa grande" por la calle que en algún momento se llamó Esperanza (hoy tiene otro nombre) y se refugiaron en la calle Libertad y sus alrededores. En el barrio había clubes negros y sinagogas. Mis vecinos, descendientes de esclavos, y nosotros respirábamos este clima. Sin embargo, ¡nunca escuché ninguna mención de ninguno de ellos de que fueran descendientes de esclavos! ¿Una ruptura traumática?

¿Un miedo? ¿Una defensa? ¿Ausencia de historia escrita? Duele tanto, tanto, tanto que lo que se perdió al otro lado del océano... Palabras, historias e tradiciones se perdieron.

Bueno, me hice psicoanalista, y mi interés por el tema de la transmisión psíquica entre generaciones ha crecido en los últimos años. Empecé a comprender que estaba relacionado con mi historia y, sobre todo, con mi prehistoria. Quizás un deseo de poner palabras al silencio que también rodeaba a mi familia. No se habló de las trágicas pérdidas de la Shoah.

En un trabajo anterior (Trachtenberg, 2023) comenté que psicoanalistas de todo el mundo, luego del final de la Segunda Guerra Mundial, comenzaron a recibir en sus consultorios a sobrevivientes y/o descendientes del Holocausto judío, comenzando a observar fenómenos clínicos que tenían alguna relación con esa situación traumática del pasado. En la década de 1960 se describió el síndrome del superviviente del Holocausto, caracterizado especialmente por la culpa por su supervivencia, mientras los miembros de la familia habían sido diezmados por el nazismo. En la década siguiente, las investigaciones se centraron en la segunda generación y, en los años 1980 y 1990, el foco se abrió a la tercera generación. El denominador común es la aparición de señales clínicos relacionados con traumas vividos por los antepasados, y no por el propio sujeto. En otras palabras, hay una fuerte presencia de la *prehistoria* del sujeto en la constitución de su subjetividad o conflicto, inconscientemente, y esta prehistoria coexiste al lado de su conflicto intrapsíquico personal. Los estudios psicoanalíticos nacidos de los "efectos radiactivos" (Gampel, 2006) del Holocausto se han ampliado, siendo de gran valor para comprender las consecuencias emocionales de otras formas de violencia y trauma.

Creo que la esclavitud en Brasil y su resonancia durante generaciones pueden incluirse en este contexto y ganar fuerza, a pesar de la escasez de literatura sobre el tema.

Elie Wiesel, sobre su condición de sobreviviente del Holocausto, dijo: "Permanecer en silencio era terrible, hablar imposible" (Benghozi, 2000, p. 92). Se puede observar que los sujetos victimizados en diferentes situaciones traumáticas de gran magnitud se ven impulsados a buscar, a su vez, defensas extremas, en un intento de mantener un mínimo de homeostasis emocional (Trachtenberg, 2017). Así, se vuelve intolerable hablar, recordar, recordar, pensar, sentir, ya que colocar el evento traumático o vergonzoso en la red de representaciones implica una amenaza de "re-traumatización", con desorganización y ruptura de la psique.

Es en este sentido que los sobrevivientes de esta violencia buscan protección para intentar sobrevivir psíquicamente, haciendo uso de la negación, la escisión y el clivaje del yo, pues son un recurso de supervivencia.

Me acordé de mis vecinos y amigos, de quienes aprendí algo sólo en la vida adulta. Estaba pensando en el silencio que rodea a las familias traumatizadas, ya sean personales, familiares o sociales. Este silencio, escisión del Yo, poderosas defensas del sujeto, generando Criptas, que en palabras de Nicolas Abraham y Maria Torok (1995) serían:

> *Todas las palabras que no se pudieron decir, todas las escenas que no se pudieron recordar, todas las lágrimas que no se pudieron derramar, serán tragadas, así como, al mismo tiempo, el trauma, la causa de la pérdida, será tragado y conservado. Un dolor indescriptible instala una tumba secreta dentro del sujeto (p. 249).*

Los mismos autores hablan de la transmisión que, a lo largo de las generaciones, aparece como un Fantasma:

> *Por muy pocos secretos que tengan tus padres, ellos te transmitirán un vacío en su propio inconsciente, un*

> *conocimiento desconocido, un desconocimiento [...]. Un dicho enterrado [...] uno de los padres se convierte para el niño en un muerto insepulto. Este fantasma regresa entonces del inconsciente y explota, provocando fobias, locura, obsesiones. Su efecto puede incluso abarcar generaciones y determinar el destino de una raza (Abraham & Torok, 1995, p. 278).*

Al referirse a las resonancias del trauma no elaborado en una generación determinada, Abraham y Torok enfatizan que nada puede ser abolido por completo; algo aparecerá en las generaciones siguientes, como un enigma o como algo impensado. En esta línea de pensamiento, Benghozi (2000) utiliza la expresión "trauma como herencia" para designar situaciones en las que, aunque el evento traumático ocurrió con el progenitor, se transmite al descendiente sin que jamás se hable de él. Para este autor, existe un riesgo constante de que los traumas psíquicos no metabolizados se repitan después de varias generaciones.

El trauma, que puede ser duelo, vergüenza, violencia social, etc., sin posibilidad de elaboración psíquica (con escisión del yo y formación de criptas), constituye para las siguientes generaciones una verdadera prehistoria, por la que están obligatoriamente atravesados. Las generaciones futuras tienen que afrontar una experiencia traumática que no es la suya, sino la de sus padres, de quienes dependen psíquicamente. Serán posibles prisioneros de su prehistoria, serán *generaciones fantasma*.

De acuerdo con lo que postulé anteriormente (Trachtenberg, 2012; 2017), el trauma puede inaugurar, en la historia de muchas familias, las condiciones para transmisiones transgeneracionales, carentes de espacio para una transcripción transformadora. El trauma no trabajado tiene el poder de interrumpir la transmisión intergeneracional, la que se produce *entre* sujetos. Con esto comienza a haber otra, esta vez defectuosa, transgeneracional, que se da *a través* de los sujetos, atravesando la psiquis, invadiéndola violentamente, en un pasaje directo de formaciones psíquicas de un sujeto a otro, de una generación a otra, sin conservar los espacios subjetivos o intersubjetivos.

En las *transmisiones intergeneracionales*, el sujeto no es sólo beneficiario, heredero, servidor forzoso, sino también adquirente singular de lo que se le transmite. Es un trabajo psíquico de elaboración que concierne al sujeto y al grupo, favoreciendo transformaciones y conduciendo a una diferenciación, una evolución entre lo que se transmite y lo que se hereda. Este trabajo permite a cada generación posicionarse en relación con las demás, comprender y respetar las diferencias entre ellas, convertirse en eslabón e inscribir a cada sujeto en una cadena y grupo. En este sentido, cabe recordar la célebre frase de Goethe, citada por Freud en "Tótem y tabú" (1913), sobre la necesidad de adquirir lo heredado para poseerlo verdaderamente.

La transmisión psíquica intergeneracional es estructuran, se nuclea, por tanto, en la existencia de un espacio de transcripción transformadora (Kaës, 1996), en el que se transmite una herencia intergeneracional, constituida por fantasías, imágenes, identificaciones, etc., organizando una historia familiar, un relato mítico del que cada sujeto puede tomar los elementos necesarios para constituir su novela neurótica individual. Ejemplos de este tipo de transmisión son las tradiciones, las culturas, el núcleo de pertenencia, un parentesco o un apellido que tiene fuerza cohesiva.

Si los legados psíquicos garantizan el paso de las adquisiciones y del potencial espiritual de la humanidad, la carga de superar cuestiones que quedaron suspendidas en el inconsciente de sus padres y antepasados se transmite también a sus hijos. Las aportaciones de Abraham y Torok (1995), en los años 1970, sobre el duelo, la cripta y el fantasma fueron decisivas para comprender las transmisiones transgeneracionales. En los casos en que el duelo no puede ser procesado, por culpa o exceso traumático, la realidad en su sentido metapsicológico puede instalarse en forma de cripta, por la exigencia de permanecer oculta, innombrable.

Mijolla (2001) dijo que el psicoanalista, junto al genetista, debe defender el derecho que tiene cada ser humano a reconstruir los elementos de su prehistoria que, al igual que el genotipo, son fragmentos importantes de su identidad. Los orígenes étnicos muchas veces se pierden en la sucesión de generaciones y, en ocasiones, siguen caminos que dificultan encontrarlos. Entendemos que el individuo está constituido, entre otros factores, por su historia y prehistoria, tanto desde el punto de vista genético cómo desde el punto de vista subjetivo y social.

Observamos que hay personas que reconocen con satisfacción y orgullo sus múltiples orígenes étnicos, entendiendo que de cada uno de ellos es posible recuperar alguna riqueza particular. ¿Podemos hablar de identificaciones telescópicas? Así lo denominé al movimiento psíquico que abarca varias generaciones (Trachtenberg, 2002), llegando a lugares muy distantes, preservando y, al mismo tiempo, modificando historias a lo largo de esta trayectoria. Está relacionado con las tradiciones de grupos étnicos y grupos familiares

En la tradición oral de muchas familias se está perdiendo el contacto con los orígenes étnicos, pero también observamos otro fenómeno. A menudo ocurre que algunos orígenes étnicos llamados "menos nobles", como los negros/esclavos y los indígenas, son negados a lo largo de generaciones, lo que significa que, en alguna generación, es posible visualizar pacientes de raza mixta, con piel clara y claro origen negro, mostrando rasgos negroides, que no sólo se ocultan a ellos mismos y a los demás al alisarse el cabello, etc., como exige la cultura actual, ni hacen referencia alguna a esta raíz de su constitución física o de su pertenencia. Pensamos que esta cuestión va más allá del prejuicio racial o del auto prejuicio, y llama la atención que ambos, prejuicio y origen, queden fuera del discurso verbal a lo largo de años de tratamiento. ¿Vergüenza? Éste y otros orígenes étnicos son ocultos, secretados, escindidos, reprimidos y resistidos por el sujeto sin que él sea consciente de esta situación particular.

En relación con el origen negro o indígena, ¿vale la pena pensar en su relación con la historia de la esclavitud en Brasil? La esclavitud está arraigada en el inconsciente. Según Pastori (2012), Gilberto Freyre, en su libro "Casa grande e senzala", muestra las diversas facetas que se establecieron entre amos y esclavos en Brasil. La convivencia desde temprana edad del niño en la familia del amo con los esclavos estuvo marcada por la ambivalencia. El vínculo con la esclavitud dejó huellas psicológicas en la forma de ser de todos y cada uno de los brasileños. Siempre estamos oscilando entre un lado y el otro del látigo, afirma el autor. ¿Es parte del racismo estructural?

¿Vale la pena pensar que esta vergüenza originaria es un fantasma transgeneracional, derivado de una vergüenza social que atraviesa generaciones? ¿Vale la pena pensar que el trauma del esclavo, de los ancestros esclavizados, quedó sedimentado como no procesado y repetido a lo largo de las generaciones? ¿Se trata de una transmisión transgeneracional, patológica, con capacidad de generar más sufrimiento o sufrimiento de diferentes características?

Creo que estamos en el territorio de las repeticiones sin nombre, de los nombres sin historia, de las historias vacías. De historias traumáticamente interrumpidas y perdidas. ¿Podría ser este el destino de generaciones de descendientes de esclavos?

Quienes lleven dentro de sí esta parte alienada de su psique y tengan la suerte de encontrar un interlocutor válido tendrán la oportunidad de transformar esta herencia transgeneracional en una herencia intergeneracional (la primera de las cuales es patológica, marcada por secretos encriptados, no elaborados en un generación dada, y el segundo se refiere a la transmisión de tradiciones, transmitidas por la palabra a lo largo de las generaciones). En esta ocasión el sujeto podrá conectar efectiva y afectivamente con su prehistoria, sus raíces y así enriquecer su mundo interno con la pertenencia a cada uno de ellos. La subjetividad, que es un devenir constante, se fortalecerá si logra incluir – recuperar – lo que se escindió y se perdió al otro lado del océano. Y recuperar la humanidad.

Como traduce la rapera Negra Jaque, en el vídeo "Cabelo crespo" (2017), sobre este reencuentro con la identidad: "*Cabelo crespo/ Suelta tu pelo rizado/Cabelo crespo/Suelta tu pelo rizado/Mi pelo es nuestra raíz*". Búsqueda de transformación de legados transgeneracionales en intergeneracionales.

Otro hermoso ejemplo lo ilustra un video casero reciente, enviado por una amiga, muestra que el abuelo paterno enseña polaco con mucho amor y humor, a través de un cuaderno de dibujos, a su nieta de 4 años , que vive con sus padres (madre brasileña y padre polaco) en Estados Unidos.

Termino con palabras que utilicé en una celebración reciente para honrar a las mujeres guerreras de mi historia y mi prehistoria (trans e intergeneracional):

> *En mi mesa especial, 14 velas esperaban ser encendidas, decorando los candelabros familiares. Llevando luz a todos los presentes en la ocasión (así como las mujeres encienden velas en el Shabat). Son nuestras joyas familiares, transmitidas de generación en generación. Allí, traídos de Polonia, en el barco, estaban los candelabros de mis abuelas (quizás también de mis bisabuelas). Como hija/nieta de refugiados nazis en Europa, la primera generación nacida en Brasil, siento una admiración especial por estas heroínas. [...] mujeres valientes que cruzaron el océano para salvar a sus familias, trayendo los valiosos candelabros en sus baúles. No podían faltar al llegar a esta tierra desconocida y misteriosa (Trachtenberg, 2023, p. 222).*

## *Referencias*

Abraham, N. & Torok, M. (1995). *A casca e o núcleo*. Escuta.

Benghozi, P. (2000). Traumatismos precoces da criança e transmissão genealógica em situação de crises e catástrofes humanitárias: desemalhar e remalhar continentes genealógicos. En *Os avatares da transmissão psíquica geracional*, organizado por O. Correa. Escuta.

Freud, S. (1913). Totem e tabu. En *Obras completas, Vol. XIII*. Amorrortu, 1986.

Gampel, Y. (2006). *Esos padres que viven a través de mi: la violencia de Estado y sus secuelas*. Paidós.

Kaës, R. (1996). Introducción al concepto de transmisión psíquica en el pensamiento de Freud. En *Transmisión de la vida psíquica entre generaciones*. Amorrortu.

Mijolla, A. (2001). História e pré-história psíquicas: o "intergeracional" e seus fragmentos de identidade. *Psicanálise – Revista da Sociedade Brasileira de Psicanálise de Porto Alegre, v. 3, n. 2*, p. 305-329.

Negra Jaque, MC. *Cabelo crespo* [vídeo]. Disponible en: <https://www.youtube.com/watch?v=vOC8M6pEM2g> Acceso en: 26 mar. 2017.

Pastori, S. S. (2012). Brasil, alteridade e subjetividade. En *Encontro transcultural: subjetividade e psicopatologia no mundo globalizado*. Escuta.

Sacks, J. H. (2013). Porque lembrar. *Reflexões judaicas*. Disponible en: https://reflexoesjudaicas.wordpress.com/2013/03/27/reflexoes-para-pessach/ Acceso en: 5 ago. 2018.

Trachtenberg, A. R. C. (2002). Espaço psíquico geracional e as identificações telescópicas. *Psicanálise – Revista da Sociedade Brasileira de Psicanálise de Porto Alegre, v. 4, n. 1*, p. 195-202.

Trachtenberg, A. R. C. (2012) Efeitos psíquicos das heranças culturais. En *Encontro transcultural: subjetividade e psicopatologia no mundo globalizado*, organizado por S. S. Pastori & R. F. Nicolau. Escuta.

Trachtenberg, A. R. C. (2017). Transgeracionalidade: sobre silêncios, criptas fantasmas e outros destinos. *Revista Brasileira de Psicanálise, v. 51, n. 2*, p. 77-89.

Trachtenberg, A. R. C. (2023). *Transgeracionalidade/intergeracionalidade: Holocausto e dores sociais*. Blucher.

# 5. Atención psicoanalítica a parejas desplazadas: ¿qué papel juega la migración?

*Liliana Emparan*

## *Presentación*

> *Desde la perspectiva de la clínica psicoanalítica con parejas y familias es posible concebir la trama viva de los vínculos participando en este flujo de fragmentos que se encadenan y logran distintos niveles de significación y resignificación (Lamovsky, 2003, p 47).*

Migrar es un fenómeno anacrónico y a la vez actual - delimitado por un contexto geopolítico específico, en determinado momento de la historia por sujetos- que se desplazan "libre"[1] y voluntariamente o, contrariamente, de forma forzada y urgente. La complejidad del tema

1 La palabra libre está entre comillas pues en tiempos de globalización y capitalismo económico transnacional, consideramos que esta estructura, aún para la población con mayores privilegios, impulsa a los desplazamientos y "oportunidades" de trabajo más allá de las fronteras nacionales, seduciendo con un discurso de libre tránsito y comunicación: un mundo proclamado irónicamente "sin fronteras".

hace que se requieran aportes de muchas áreas: historia, geografía, derecho internacional, psicoanálisis, antropología etc.

Desplazarse sólo, en familia o en pareja, con o sin hijos, desde países del sur global en dirección al llamado primer mundo, a países cuyas culturas e idiomas son cercanos o totalmente extraños, configura intersecciones que requieren análisis singulares.

En este texto analizaremos los efectos de la migración desde el punto de vista de las transformaciones que este fenómeno produce en los vínculos de pareja. Discutiremos el proceso terapéutico de 2 parejas de migrantes viviendo en Brasil, atendidas en consultorio privado cuyo desplazamiento fue voluntario y "libre". Destacaremos de qué forma se articuló la migración al vínculo establecido inicialmente por la pareja, o sea, cómo se configuró el entramado vincular al migrar.

> *Ya de por sí, cuando una pareja acude a la consulta es porque la estructura relacional se ha visto conmovida y los basamentos inconscientes que la sustentaban están atravesando una etapa de desarticulación (Lamovsky, 2003, p. 52).*

Es importante aclarar que el hecho de ser una analista también migrante incide en la demanda de parejas migrantes e interculturales donde las vicisitudes de los desplazamientos y la extranjeridad son pautas fundamentales, lo que conlleva a pensar a lo largo del proceso terapéutico en lo extraño-familiar y el entre lenguas y culturas. De esta forma, es fundamental analizar cómo se formó originalmente la trama vincular de la pareja y de qué manera la migración alteró este vínculo.

Es necesario destacar que, más allá de los motivos que pueden llevar una pareja a buscar atención psicoanalítica – cuestiones relacionadas al vínculo, comunicación, sexualidad, etc. – las diferencias culturales y la adaptación al país de destino se destacan en la atención a parejas migrantes e interculturales. Consideramos que las migraciones juegan un papel específico en la temática de las parejas justamente por incidir en un alejamiento real de las familias de origen, alejamiento que, entretanto, no garantiza que lo mismo ocurra simbólicamente. O sea, los miembros de la pareja pueden estar totalmente ligados a sus orígenes a pesar de la distancia física de forma a incrementar las dificultades vinculares al no contar con el apoyo familiar. El reto es poder vivir en otras tierras y crear nuevos lazos.

> *Poder migrar del lugar de la filiación para ir en busca de otro territorio, instalarse confortablemente en éste implica no renegar ni desmentir ni forcluir el espacio anterior sino, portando sus marcas, poder inscribir y crear otras nuevas (Berlfein & Moscona , 2003, p. 90).*

Analizaré una pareja de migrantes de igual nacionalidad y otra intercultural. La primera era una pareja de expatriados colombianos que vivían en San Pablo, Brasil hacía un año. Las otra fue formada por personas de nacionalidades distintas establecidas en Brasil: ella brasileña y el europeo. Los 2 casos son de parejas heterosexuales y con situación económica estable.

Cabe destacar que los llamados expatriados generalmente tienen características muy particulares ya que su migración es voluntaria y temporaria, con condiciones muy favorables en términos económicos: beneficios como educación, vivienda, curso de idioma local, acceso a atención psicológica etc., pagados por la empresa para que se logre la adaptación al país de destino. A pesar de todos los beneficios que puedan obtener hay pocos estudios que analizan el día a día de una pareja de expatriados, especialmente cómo se sienten los compañeros de los expatriados y el peso de estas dificultades en la relación.

Asimismo, la extrañeza y posible malestar respecto a la cultura e idioma extranjero podrán presentar variaciones, ya que el que trabaja tiene un contacto obligatorio con el idioma local y el otro no necesariamente. Paralelamente, las condiciones profesionales son muy distintas ya que el contrato impone que uno no trabaje, lo que puede provocar conflictos. En el caso de la pareja de expatriados que analizaremos existía homogeneidad respecto al idioma y cultura, ya que ambos eran de la misma nacionalidad; profesionalmente, el hombre trabajaba y la mujer no.

Las parejas llamadas interculturales son heterogéneas en relación al origen nacional/cultural y/o al idioma. Al desplazarse pueden hacerlo a un país de nacionalidad diferente para ambos o al país de uno de los dos. En el caso de tener hijos cuestiones relacionadas a la cultura de origen serán revisitadas, por ejemplo, en el idioma hablado entre la familia y con los hijos, y también entre la pareja. La pareja intercultural analizada se conoce cuándo ambos están en Europa y fuera de sus países de origen: en ese momento ambos son extranjeros. Por lo tanto, la migración forma parte de su historia desde el principio e influye, tanto en la relación entre ambos, como de sus familias de origen. Sin embargo, en la segunda migración al Brasil existe una diferencia: ella es nacional y él migrante.

## *Primer caso: pareja de expatriados*

### Queja inicial

La atención de esta pareja se desarrolló a lo largo de poco más de un año, pero con muchas interrupciones a causa de viajes de trabajo, vacaciones, encuentros familiares con hijos y viajes al país de origen. Este ritmo tornó difícil la secuencia de temas tratados en algunas sesiones, lo que implicaba en muchos momentos el relato de situaciones que habían sucedido meses atrás. Considero que formaba parte de la condición de una pareja de expatriados y que, por lo tanto, era necesario adaptarse a esta realidad, destacando al mismo tiempo los límites de un trabajo con una frecuencia tan particular.

La queja inicial de esta pareja de expatriados maduros consistía en un estado de tristeza de la esposa Mónica y una gran dificultad de adaptación al Brasil. Ella no quería contactarse con la comunidad colombiana por no gustarle las formalidades y compromisos sociales y tampoco que las latinoamericanas la llamaran "chica", de esta forma, su contacto social era escaso, se sentía muy sola. Ya Nicolás reclamaba de haber perdido su vida social y que los fines de semana eran aburridos, hacían siempre lo mismo: los sábados, gimnasio, almuerzo, centro comercial y cine. Los domingos se levantaban más tarde, almorzaban y descansaban. La cotidianeidad era definida como solitaria y aburrida. "La cotidianidad de una pareja, considerada como un organizador de los encuentros, de los ritmos y de modalidades arcaicas de la relación, resulta un buen ejemplo". (Lamovsky, 2003, p. 42)

En relato de su vida como expatriados ya habían vivido en 11 países, lograron tener muchos amigos que fueron perdiendo al mudarse de país. Sus dos hijos de más de 30 años vivían en Estados Unidos y siempre se quejaron de no tener amigos a causa de los desplazamientos constantes de la familia. Especialmente Mónica extrañaba a sus hijos sobremanera.

El contraste entre la vida monótona de Mónica y la extensa jornada de trabajo de Nicolás fue provocando un alejamiento entre ambos y quejas de la esposa, consideradas excesivas por él, quién justificaba tener que aceptar las condiciones profesionales, debido a los beneficios que disfrutaban. Mónica deseaba que él hablara más con ella y le contase de su trabajo. Él decía que lo que menos quería era hablar de su trabajo que le consumía 10 horas por día; sólo le gustaba cuando viajaba por trabajo. Para Mónica, los oasis eran los viajes que hacían juntos. En cambio, él decía que generalmente se peleaban cuando viajaban. Durante el proceso terapéutico justamente realizaron un viaje solos por ocasión de un aniversario de casamiento.

El tema relacional y la falta de comunicación incluía un "más allá" del tema de la adaptación cultural (costumbres, idioma, reglas sociales, papeles de género, cultura etc.). La queja de Mónica revelaba una paradoja: ya habían vivido en muchos países y justamente en Brasil, último país de migración y de la anunciada jubilación, su malestar se incrementaba. ¿Qué significa para una pareja de expatriados adaptarse a un país? ¿La "tristeza y no adaptación" de Mónica, o, mejor dicho, el malestar en Brasil no revelaría el síntoma de esta pareja?

> *Si la adaptación de expatriados está siendo explorada de forma amplia en la literatura, lo mismo no se puede afirmar en relación al proceso de ajuste que ocurre con esposos y esposas. La adaptación del cónyuge no es bien comprendida, y lo que se sabe sobre la expatriación no es suficiente para entender las dificultades que enfrentan los cónyuges (Andreason, 2018; Bauer & Taylor, 2001). (Simonelli et al., 2016, p. 24, traducción propria).*

## Historia de la pareja

Se conocieron en la facultad y se enamoraron rápidamente. Se llevaban muy bien y existía una vida sexual intensa. Se casaron después de 8 años de un noviazgo definido como maravilloso. Después de 3 años tuvieron 2 hijos.

Ambos son de familias de origen muy numerosas (ella 7 hermanos, él 6). Cuando se conocieron, el padre de Mónica había muerto hacía un año. Su madre decide entonces "aprovechar la vida" y sale mucho. Mónica cuenta que fue muy difícil perder a su padre pero que también se sintió abandonada por su madre y esto sin lugar a duda incide en su proceso de duelo. Nicolás relata que siempre la orientó en los cursos y trabajos que ella tuvo, Mónica subraya que siempre se apoyó en él, sugiriendo que Nicolás desempeñaba también un cierto papel paterno en la relación.

Retomando la historia de la pareja, Mónica tuvo síntomas importantes en el nacimiento de sus dos hijos, como depresión posparto en el primer nacimiento y anorexia en el segundo. Por no tener ayuda y no lograr organizarse deja su trabajo después del nacimiento de su primer hijo. Ya desde ese momento sentía la ausencia de su marido debido al trabajo intenso y viajes. Para Nicolás en ese momento del nacimiento de los hijos, siente que perdió su esposa, que pasa a dedicarse totalmente a la maternidad. Para él el trabajo era muy importante ya que su familia de origen era pobre y necesitaba su apoyo; gracias a su trabajo logró realizar el sueño de comprarles una vivienda. Por otro lado, Mónica desistió de trabajar después del nacimiento de su primer hijo; su familia de origen tenía una buena situación económica, no precisaba su apoyo financiero.

> *Diversos momentos en la vida de una pareja exigen una reorganización de las investiduras: el embarazo y el nacimiento de cada hijo con su particular despliegue libidinal, su crecimiento y posterior despegue de la red familiar, las enfermedades, las mudanzas y las migraciones, el efecto del paso del tiempo, las pérdidas -en especial de los personajes clave para la estructuración familiar-, etcétera, son ejemplos de lo que viene a conmover la espesura de la trama (Lamovsky, 2003, p 54).*

Ambos consideraban que la comunicación entre ellos no era buena. Nicolás creía que estaba en la "crisis de la media edad" y que para Mónica sólo los hijos eran importantes, en muchos momentos se sintió abandonado por ella. Mónica consideraba que él no la escuchaba y no la comprendía, se sentía muy sola. Existía aislamiento afectivo y enfriamiento sexual.

La pareja Mónica-Nicolás estableció una definición clásica de parentalidad y de los papeles masculino y femenino. Como padres se comportaron de forma definida: la madre es la que nutre y cuida y el padre el que protege, suministra y provee la infraestructura. Así se apoyan sus diferencias sexuales y la forma como cada uno ve al otro como hombre y mujer. El alejamiento entre ambos y el enfriamiento sexual se articula a este funcionamiento rígido de la parentalidad que no incluye la vida de la pareja.

Casados hacía varias décadas, ya cerca de la jubilación y viviendo en Brasil, último país en la jornada como expatriados, se preguntaban sobre el futuro. Él quería volver a Colombia para estar más cerca de su familia de origen y ella, vivir en Estados Unidos, cerca de sus hijos.

A lo largo de las sesiones van recordando muchos detalles de la vida en común. Nicolás recuerda la crisis por el nacimiento de la hija cuando decide tener a sus padres más cerca para que pudiesen ayudar a su esposa. Toma la decisión de reformar su casa y construir al mismo tiempo al lado de su terreno, la casa de sus padres. Mónica comenta que fue una de las peores cosas que sucedió en la vida de la pareja y familiar, había mucha tensión entre ella y su suegra, de tal forma que vivía reclusa en su habitación. La construcción demoró meses y fue desgastante para todos. Sumado a esto era la época de las terribles noticias de las FARC en Colombia, lo que incrementaba aún más el nerviosismo. Finalmente, la madre de Mónica resuelve ayudar a su hija en el día a día.

Apunto que Nicolás decide al mismo tiempo cuidar la familia de origen y construir la paternidad, lo que torna todo muy difícil y pesado para ambos. Un tiempo después migran. Nicolás considera que las migraciones los ayudaron a unirse y sostiene que si las parejas no se llevan bien al migrar es probable que se separen, en cambio sí tienen una buena relación esta se solidificará. Esta afirmación suena de forma paradojal pues no considera el conflicto que se había establecido entre ambos. En ese sentido podemos considerar que la migración también funcionó como una fuga de los conflictos en su familia de origen transferidos a la pareja.

En una sesión, Nicolás se da cuenta que no llora hace 4 años y él siempre fue muy llorón. Comenta que su padre falleciera hacía un año y siempre tuvieron una relación muy difícil. Su padre es definido como un ser muy autoritario por pegarles a los hijos; y también como irresponsable y mujeriego al abandonar su esposa. En el velatorio no pudo llorar, pero un tiempo después se enfermó, bajando muchísimo de peso sin que lograsen definir el motivo. Considera que todavía no ha logrado perdonar a su padre.

## Viajes: intentando promover cambios

Comentan que pronto harán un viaje a los Estados Unidos para encontrarse con sus hijos. Mónica está muy preocupada con el sufrimiento de sus hijos. Según sus palabras, su hijo era exitoso económicamente pero no tenía una buena relación con su padre. Nicolás comenta que Mónica lo llama al hijo muchas veces por día por teléfono. La hija es muy dependiente económicamente de ellos. Nicolás no acepta su vocación artística, pero la mantiene económicamente ya que no tiene trabajo. Mónica se siente culpable por haber tenido anorexia en la época de su nacimiento y considera que tampoco Nicolás la apoyó, dice que la hija se siente abandonada por su padre. Ambos se dan cuenta que la hija es muy frágil emocionalmente hablando. Los hijos intuyen la existencia de secretos familiares no comentados a pesar de ser adultos, falta de comunicación familiar.

Analizando este contenido familiar y la queja de la pareja va quedando claro que lo que relatan con respecto a los hijos tiene estrecha relación con sus propias proyecciones: el hijo es definido como exitoso, económicamente hablando, pero distante de su padre; la hija como dependiente e incomprendida. Por lo tanto, es evidente que los hijos ponen inconscientemente en la escena familiar situaciones que tienen relación con temas de sus padres, reflejando el conflicto de la pareja.

Son éstas, cuestiones poco elaboradas por la pareja en relación con sus orígenes y roles, temas que al migrar se tornan más evidentes y se repiten en el vínculo con sus hijos. De alguna manera ambos querían y necesitaban migrar en el intento de resolver conflictos familiares, situaciones pendientes con relación a sus familias de origen que son imaginariamente dejadas para atrás, en el país de origen pero que, en realidad, se trasportan a otras tierras porque dicen respecto a vínculos tempranos poco elaborados, separaciones no procesadas.

> *En la elección inconsciente, las personas parecen buscar compañeros que puedan satisfacer necesidades emocionales infantiles que no fueron satisfechas, o compañeros que puedan perpetuar aquellas que fueron satisfechas, gratificadas en la infancia. En el primer caso, la elección objetiva la reparación, la cicatrización de heridas emocionales, la resolución de antiguos conflictos (Porchat, 2014, p. 192, traducción propria).*

Para Mónica el tema principal es el sentimiento de abandono de su marido y de su propia familia de origen por ocasión del fallecimiento de su padre y la ausencia de su madre que decide "aprovechar" la vida. Mónica inconscientemente intenta ser una madre muy presente con los hijos y al mismo tiempo reclama la presencia de su marido-padre. Para Nicolás, la cuestión fundamental es el reconocimiento de su familia de origen como alguien exitoso y que ayuda a su familia. La figura paterna descripta como alguien irresponsable y agresivo le toca hondo en sus miedos de poder parecerse a su padre. Quiere ser diferente. No ser reconocido y valorado por su pareja y familia por lo que construyó, es muy duro.

Tenían muchas expectativas de que en el viaje a Estados Unidos podrían hablar con los hijos y aclarar muchas cosas. Comentaron incluso al regreso de ese viaje que eso sucedió, estuvieron prácticamente tres días sin salir y hablando en familia. En esa oportunidad se habló sobre falta y abandono, y además el hijo pudo explicitar que se sentía "ahogado" por su madre y que no quería tantos llamados diarios. La hija explicitó la gran dificultad que tenía para organizar su vida sola, sus gastos personales, su casa, los cursos que realizaba etc. Todo esto conllevó a la necesidad de implementar cambios. Mónica tendría que "desahogar" al hijo y Nicolás seguir ayudando a su hija, pero no solo con dinero, sino a organizarse.

Entretanto, el conflicto de la pareja no se agota con este cambio.

En un viaje posterior por ocasión del aniversario de casamiento tuvieron una buena experiencia. Era la primera vez que viajaban sin los hijos. Nicolás comenta que estuvo muy contento de poder hacerlo. Mónica asiente con la cabeza, pero comenta que no dejó de pensar en sus hijos. Aparece aquí una contradicción frente a su discurso de querer estar con Nicolás y compartir más momentos con él. En ese viaje se muestra evidente que ambos tienen temas pendientes respecto a sus familias de origen. Todo este conflicto se expresa principalmente en este momento crucial de la vida de la pareja que implica los últimos años de trabajo de Nicolás y la posibilidad de estar solos y/o más cercanos a sus hijos. Nicolás precisa elaborar la deuda simbólica que cree tener con su familia de origen por haber migrado y poseer una condición económica mucho mejor que la del restante de su familia. Inconscientemente intenta saldar y reparar el abandono de su padre. La pareja era vista como "los que tienen plata". Por eso siempre él ayudó también financieramente a hermanos, sobrinos etc. Mónica, por su parte, precisa perdonar a su madre por haber estado tan ausente cuando el padre de Mónica muere y elaborar el desamparo que sintió en aquel momento, a pesar de ser adulta. En el intento de diferenciarse de su madre, quiso siempre ser muy presente, dejó su trabajo que tanto quería para cuidar a sus hijos, pero cometió algunos excesos, y se alejó de su esposo. Nicolás nunca lograría reemplazar a su padre ya que es su pareja.

## La jubilación como símbolo del posible retorno a los orígenes

Es interesante destacar que decidir dónde irían a vivir después de la jubilación de Nicolás no era un tema simple, era una cuestión condensada que fuimos intentando explicitar a lo largo de las sesiones. Implicaba también enfrentarse a la finitud de cada uno y a los cambios en la vida de una pareja que no migrará más. Para Mónica estaba claro que quería estar cerca de sus hijos, seguir siendo una migrante en suelo estadounidense y lejos de las amenazas de las familias de origen de ambos. Para Nicolás, los conflictos con sus hijos hicieron que prefiriera volver a su país donde se sentía super valorizado. Ambos no perciben que después de décadas viviendo fuera de Colombia, volver a su país o vivir en Estados Unidos implicará una nueva adaptación, aun cuando ellos mismos hubiesen vivido algunos años en ese país. Significa enfrentarse a lo que construyeron a lo largo de décadas: conquistas, dificultades, renuncias y fallas como pareja y como familia. Y sobre todo con mucho tiempo ocioso, a causa de la jubilación: ¿Cómo funcionarían como pareja después de años de desplazamientos? ¿Seguirían sintiéndose aburridos y abandonados?

Nicolás se da cuenta que realmente fue ausente respecto a su familia actual porque estaba enfocado en ofrecer apoyo a su familia de origen y ser exitoso. También le costó separar paternidad y vida en pareja, su objetivo profesional la obnubiló, empañando el sufrimiento real de su compañera que lo acompañó por décadas y por tantos países. Mónica muestra que también siente que falló con sus hijos pero que intentó hacer lo mejor posible y compensar la ausencia de Nicolás; al intentarlo de una forma tan tenaz se alejó demasiado de su esposo, carrera y vida personal. De mi lado, apunto que a partir de este reconocimiento de ambos les será posible tomar una decisión sobre lo que quieren como pareja, pero es importante que sea una decisión consensuada.

## *2º caso: Pareja Intercultural*

### Queja inicial

Marta y Hans expresan desde el principio que están con muchas dificultades en la convivencia diaria de la pareja. Discuten continuamente y por diversos motivos; se sienten muy alejados y relatan que no tienen vida sexual desde el embarazo. Se trata de una pareja de alrededor de 35 años, él alemán y ella brasileña. Se conocieron en Europa, pero viven en Brasil desde hace más de 5 años. Comentan que tienen un bebé de menos de un año que requiere mucha atención y que desde el embarazo los problemas entre ellos aumentaron.

Se trata de una pareja intercultural, o sea, una pareja mixta, de nacionalidades diferentes que migra después de algunos años juntos para Brasil donde una vida distinta en términos culturales y lingüísticos se presenta como un desafío en la convivencia diaria.

> *Dentro del espíritu de la interculturalidad, es ampliamente reconocida la importancia de afectos intercambiados dentro del casamiento mixto, auxiliando el desenvolvimiento de individuos y en la nueva formación de la identidad 'cultural' (Gonçalves, 2019, p. 1, traducción propria).*

Marta trabaja mucho y llega exhausta a casa donde encuentra a su hijo despierto para ser amamantado. Hans trabaja menos y se queja de que aún se está estructurando profesionalmente y gana poco. Ambos comentan que el trabajo de Marta es su sustento, así como también el apoyo económico indirecto de la familia brasileña de Marta.

Un punto esencial es que ninguno de los dos puede contar con una red de apoyo familiar, ya que sus familias no viven en Brasil. Destacamos que la falta de apoyo familiar es un tema recurrente y muy importante para las parejas de migrantes que se ven muy solas ante la crianza de los hijos, lo que incrementa conflictos y el sentimiento de desamparo.

Comentan que viajan todos los años para Europa para visitar las familias y amigos, lo que consideran fundamental.

## Historia de la pareja

Se conocieron en un momento particular de sus vidas: Marta estaba haciendo pasantías en Europa y Hans había conseguido un trabajo en Inglaterra. O sea, en el país donde se conocieron ambos eran extranjeros; el inglés fue entonces el idioma elegido por ambos para comunicarse y lo es hasta la actualidad.

Ambos relatan que fue un período muy romántico y alegre, se divertían mucho y realizaron diversos viajes juntos. Hans se encantó con la alegría y humor de Marta, la cantidad de amigos que tenía y con una intensa vida social. Del lado de Marta se enamoró de su forma tan diferente de ser al pertenecer a otra cultura, ser romántico y por su vigor sexual. Vivían un tipo de relación como novios en un clima de aventura. La pareja se establece a partir de una determinada alianza que implica vivir en un espacio intermediario, en un país tercero, ni de él ni de ella, cuya característica principal es la no rutina, la curiosidad y la diversión. "La interdependencia que los partenaires presentan entre sí proviene de estar ambos sujetados por la estructura estable que constituyeron con su alianza" (Berlfein y Moscona, 2003, p. 61).

Después de varios años viviendo y viajando por diferentes países de Europa deciden vivir un tiempo en el país de Hans. Esa experiencia es relatada como un periodo difícil, especialmente porque él no quería volver a vivir a su país y pequeña ciudad. Marta comenta que fue una forma de conocer no solamente la familia de Hans como también la cultura e idioma de ese país. Las tensiones y el problema de relacionamiento se intensifican en ese momento, asociados a cierta impulsividad e insatisfacción de ambos. Me llama la atención la forma como es contada la decisión de vivir en Alemania: por un lado, algo más parecido a una cierta curiosidad cultural que al establecimiento de un compromiso más sólido entre ambos, por otro, como un retorno no deseado, aceptado a regañadientes, lo que implica un conflicto y una negociación.

> *La alianza no es un vínculo conformado de una vez y para siempre. Su complejización creativa está sostenida por el trabajo sublimatorio que realice. Éste conlleva la idea de crisis, lucha y conflicto (Berlfein & Moscona, 2003. p. 89).*

Después de algún tiempo surge una oportunidad de trabajo para Marta en Brasil y decide aceptarla. Hans que ya conocía Brasil considera la oportunidad de venirse a vivir y a trabajar en un negocio propio. A pesar de este acuerdo de establecerse en Brasil después de años de vida en Europa, Hans no logra adaptarse a la nueva cultura y mantiene una posición de severas críticas con relación a los brasileños, organización social del país, costumbres y alimentación etc. Hans está visiblemente disconforme y las discusiones entre ambos se tornan diarias; no logra elaborar la pérdida de su país. "No se entra impunemente en una nueva cultura o lengua. Una pérdida ocurre, pero nunca es la que creemos que sea" (Hamad, 2019, p. 67, traducción propria). Marta argumenta que tienen un buen nivel de vida y oportunidad de crecimiento profesional; para él eso no sería suficiente para hacerlo feliz, aunque reconoce que por primera vez tiene su propio negocio.... Hans no logra asumir una posición: o se queda e intenta adaptarse, o se vuelve a su país. Marta sí quiere quedarse.

Las elecciones y renuncias que implica la migración a Brasil y el hecho de ser una pareja intercultural se convierten en escollos difíciles de franquear.

> *La clínica de pareja muestra las variadas modalidades patológicas de resolución del conflicto que la renuncia pulsional implica: por ejemplo, aquellas parejas en las que aparece una dificultad para incluirse en un espacio compartido -déficit de renuncia-, con la consecuente aparición de ansiedades claustrofóbicas, por lo cual el encuentro con el otro es significado como encierro y pérdida de la individualidad. Por otro lado, parejas en las que una demanda extrema de indiferenciación -exceso de renuncia-lleva a la parición permanente de ansiedades de pérdida y abandono, y donde el encuentro está significado como un estado de alienación sin límites (Brengio & Spivacow, 2003, p. 131).*

En ese momento de crisis e inestabilidad Marta queda embarazada. Ambos se conmueven de forma distinta con la noticia de que tendrán un hijo. Hans relata que el miedo lo invadió: sentía mucha responsabilidad frente a la inestabilidad profesional. Marta se siente plena y bonita, pero relata con tristeza que Hans pasa a no verla más como una mujer. A lo largo del embarazo se alejan como pareja y surgen los problemas sexuales.

## Los desafíos de migrar y tornarse padres para una pareja intercultural

El desafío de conocer y vivir en una nueva cultura y aprender un nuevo idioma se coloca en primer plano. Hans se esfuerza por hablar portugués, pero muchas veces se rehúsa a hacerlo e insiste en el inglés o alemán. Ahora es él quien tiene que aprender un idioma nuevo: equivocarse, tener acento, no entender los códigos culturales etc.

> *Una modificación ocurre por el propio hecho de que el lenguaje es carnal. Cuando se vive durante años en otra*

> *lengua distinta que su lengua materna, la nueva lengua practicada hace años, afecta el cuerpo, y también la pronunciación, la puntuación, la musicalidad de la primera lengua (Hamad, 2019, p. 69, traducción propria).*

El principal desafío del trabajo terapéutico fue incorporar la parentalidad a la vida familiar de una pareja intercultural y migrante. La vida anterior de la pareja en Europa había sido descripta como divertida y sin rutina. A partir del embarazo y de la inexorabilidad de convertirse en padres la existencia del bebé marca los diferentes tiempos y espacios: antes y después de la migración, acá en Brasil y allá en Europa. La vida actual de un día a día duro y sin apoyo familiar es una realidad que precisa ser elaborada.

Sabemos que el nacimiento de un hijo coloca en relieve cuestiones culturales, idiomáticas y de transmisión familiar. En el caso de parejas migrantes e interculturales estos temas adquieren más relevancia ya que se trata de pensar cómo será la crianza de ese hijo en términos culturales y lingüísticos viviendo en un país que para ambos o para uno de ellos no es el propio. Podemos inferir que uno de los dos miembros de la pareja se sentirá más afectado ya que no está en su país Algunas preguntas son indispensables: ¿cómo la cultura y lengua local serán incorporadas por la familia migrante y la pareja intercultural?; ¿cuáles códigos sociales serán adoptados: los del país de origen o de destino?; ¿seguirán las costumbres de la madre o del padre?; ¿cuál será el idioma predominante de la familia y de pareja? ¿cómo las herencias de cada uno serán respetadas?; ¿habrá una negociación y un denominador común?

> *La trasmisión de herencias familiares es importante para el mantenimiento de la unión familiar y para la creación de significados comunes, desde que no sea sentida como imposición. Una familia alcanza un ideal de adaptación*

> *cultural cuando proporciona a sus miembros un espacio para a su propia creatividad e improviso.*
>
> *Esa trasmisión de herencias es un movimiento natural para dar continuidad a la expresión da identidad. Idealmente, el individuo podría encontrar en su familia creada espacio para diferenciarse de su familia de origen, manteniendo los valores y tradiciones que más aprecia y, al mismo tiempo, las características particulares con las que fue definiéndose como individuo. Las circunstancias de la migración, el equilibrio psicológico, el contexto social actual y otros factores pueden influir para el grado de tolerancia al estrés de la migración (Barros, 2013, p. 31, traducción propria).*

Entretanto, ambos reconocen que estos temas fueron muy poco considerados y discutidos. Es interesante destacar que a pesar de las dificultades de Hans con la adaptación al Brasil ambos deciden que el bebé nacería en tierras brasileñas. Esta decisión provoca consecuencias que son reconsideradas especialmente en el momento que piensan en una posible separación.

Si la pareja se separa, ¿Hans volverá a su país o decidirá vivir acá y permanecer cerca de su hijo?

Toda esta temática atraviesa la relación entre ambos provocando conflictos y miedos. Parece que el nacimiento del hijo es el causante de todo, sea por la falta de red de apoyo, sea por problemas económicos y/o profesionales. Sin embargo, sabemos que la tensión también apunta a una negociación de espacios, cultura, países de uno y otro. ¿Es posible mitigar estos conflictos? ¿De qué modo?

> *Concluimos que los procesos de negociación y decisión para las familias trasnacionales son complejos y remiten a la búsqueda de un equilibrio en dimensiones que*

> *atraviesan los planos: emocional, institucional y profesional, siendo vividos de modo diferente por cada cónyuge. De alguna forma, la condición del inmigrante o emigrante se mitiga, pero emerge circunstancialmente porque existen elementos que recuerdan el espacio de origen 'del yo' y 'del otro' (Silva, 2021, p. 324, traducción propria).*

## Los viajes: cadencia entre acá y allá

Desde la llegada al Brasil, todos los años volvían a Europa de vacaciones. Después del nacimiento del bebé deciden pasar algunos meses en Alemania para que la familia de Hans lo conozca. No son momentos fáciles especialmente para Marta que percibe las diferencias culturales de ambos países también respecto a la crianza y cuidados con los niños.

Los viajes hacia Europa se tornan una necesidad imperiosa para la pareja, algo no muy bien conversado, significado y elaborado entre ambos. Más allá de un deseo de ver amigos y familiares, los viajes parecen guardar otro significado: un deseo de rescatar un tiempo idílico e intenso de la vida en pareja. Pasar un tiempo con las familias de ambos, reencontrarse amigos se convierte en una válvula de escape que tampoco funciona. Ya no son los mismos y ahora son padres. No son más una pareja que puede viajar y aprovechar la vida libremente, ver a las familias de ambos también provoca tensiones. El bebé también muestra dificultades para acompañarlos en os viajes, extraña horarios, lugares y personas.

## Desafíos del trabajo con una pareja intercultural

La constitución y vida de una pareja intercultural se suma a la migración y a la construcción de la parentalidad.

> *La interculturalidad abre espacio para negociaciones de elecciones entre 'los dos mundos', generalmente uno renuncia a algo en función del otro y elije entre las tradiciones entre uno y otro. Las negociaciones envuelven particularidades específicas de cada pareja, que puede ser influenciado también por el lugar donde está insertado (Gonçalves, 2019, p. 8, traducción propria).*

Algunos trabajos sobre migraciones y parejas mixtas relatan que el tema del colonialismo puede presentarse, espacialmente cuando se trata de parejas de latinoamericanos y europeos. Muchas veces las tensiones y conflictos entre las parejas mixtas son también fruto de la herencia colonial, manifestándose de forma inconsciente a través de la idea de una cultura superior y otra inferior, de una superioridad europea que debe imponerse.

> *Para Piscitelli (2010) existe una lectura decolonial en las relaciones afectivas, que puede ser definida por la diferencia entre globales y locales. La antropóloga afirma que hay una mercantilización de los afectos, que son intensificadas por la presencia de problemas con relación a la intimidad, al amor y la sexualidad. Los casamientos estudiados envuelven mujeres de países pobres y periféricos: las brasileñas con españoles. Para la autora, en las parejas mixtas no se debe dejar de considerar los sentimientos y las prácticas económicas, creando relaciones jerárquicas en la conyugalidad (Gonçalves, 2019, p. 6, traducción propria).*

Consideramos que cuando la pareja vivía en Europa este tema estaba colocado de forma relativa ya que Marta valoraba la cultura europea, hablaba inglés y posteriormente aprendió alemán. Al vivir en Brasil, Hans pasa a criticar la forma de organización latinoamericana, haciendo referencias a una superioridad europea. Respecto a los idiomas es él quien tiene que aprender, ahora el portugués. Acá es donde se pone en escena la interculturalidad como posibilidad de transitar entre lenguas y culturas, sin dominio de una u otra. La interculturalidad vale para cada uno de los miembros de la pareja y para la familia, especialmente al pensar en la educación de los hijos.

Sin embargo, considero que lo que no pudo ser bien transitado es el pasaje del enamoramiento idealizado de una pareja de novios en Europa al amor y la cotidianeidad de una pareja en Brasil que tiene rutinas, responsabilidades y un hijo. Paralelamente, estar en Brasil parece ser sentido por ambos como algo que conllevaría a tener que "tomar partido" y adoptar la cultura local: una adaptación forzada por parte de Hans y una validación de la cultura brasileña por parte de Marta. En definitiva, cuestiones relacionadas a las migraciones promotoras y cambios de identificaciones y pertenecimientos. Como definido por Viñar al referirse a la globalización y sus efectos: "Un sujeto siempre en devenir, en proceso, nunca acabado, en crisis, no como sujeto inamovible de la contemplación" (Viñar, 2018, p. 135).

Ese "tomar partido" se delinea mejor cuando pensamos en la condición migrante: sujetos en movimiento, identidades no fijas y cuestionadas, pertenecimientos entre acá y allá. Este sujeto que se modifica al migrar es lo que propongo en otros trabajos, considerando al migrante como un "sujeto partido", entre el país de origen y de destino (Pereira, 2021, Emparan, 2023). Utilizo la metáfora del significante "partido" como la calidad del que parte y deja su país y al mismo tiempo se siente un sujeto dividido, fragmentado, "partido".

> *Uno de los conflictos inherentes a los migrantes es lidiar inconscientemente con la superposición de dos extranjerías: por un lado, aspectos inconscientes propios de su constitución psíquica – que apuntan al sujeto dividido (consciente/inconsciente) – y, por otro lado, aspecto extranjeros reales y simbólicos del desplazamiento y radicación. Lidiar con*

> *esta superposición puede conducir a lo llamamos "sujeto partido": imagen fragmentada de sí y contraria a una imagen- supuestamente unificada- que se vería modificada por los efectos de la migración: unidad imposible pues para el psicoanálisis, todo sujeto es, en principio, dividido. Esta sensación de fragmentación crea conflictos y sufrimientos inconscientes (Emparan, 2023, p. 55).*

## *Palabras finales*

Como subrayamos desde el principio en este trabajo, el vínculo establecido, la forma como se produjo la alianza de la pareja y la problemática respecto a la familia de origen son temas esenciales que llevan a una pareja a buscar ayuda terapéutica. Sin embargo, la migración incrementa y pone en relieve esta problemática de forma particular debido al alejamiento concreto de los orígenes. El terapeuta de pareja necesita desarrollar una escucha específica para comprender los efectos de la migración y poner a trabajar la articulación entre el origen y el destino que países, culturas, idiomas, historias de cada miembro y vínculos familiares ponen en escena en la queja presentada.

Las parejas analizadas migraron de forma voluntaria o "libre" y, en ese sentido, las presiones económicas, la urgencia de la supervivencia, los traumas por persecuciones no afectaron aún más la relación entre ambos. Considero también que, a pesar de las diferencias de las parejas respecto a edad, nacionalidad, tiempo de relación y motivos al migrar, encontramos algunas semejanzas en los casos presentados en este trabajo. La diferencia de cultura, idioma, reglas sociales y vida cotidiana son temas específicos de los retos de una pareja en desplazamiento y fueron destacados por ambas parejas.

Las diferencias culturales inciden radicalmente en la extrañeza y crisis que enfrentan algunos migrantes. La crisis que conlleva sentirse "fuera de casa" precipita cuestiones inconscientes que se ponen en juego particularmente en la vida de pareja que precisa construir algún sentimiento de pertenecimiento en tierras extranjeras para poder quedarse y vivir. Por lo tanto, la migración puede ser vista como una oportunidad para que cuestiones originarias salgan a flote y sean elaboradas.

## *Referencias*

Barros, L. F. de; Roos, K. N. C.; Badia, I. E.; Hernández, B. G. y Honorio, D. R. (2013). A influência da migração na relação de casal: estudo de um caso. *Rev. Bras. Psicoter, 15 (1)*: 26-45.

Berlfein, E. S. y Moscona, S. L. de. (2003). Hacia una metapsicología del concepto de pulsión a nivel vincular. En Puget, J. (compiladora). *Psicoanálisis de pareja: el amor y sus bordes*. Paidós, p. 61-99.

Brengio, A. y Spivacow, M. A. (2013). Sobre el enamoramiento. En Puget, J. (compiladora). *Psicoanálisis de pareja: el amor y sus bordes*. Paidós. pp. 101-124.

Gonçalves, C. (2019). Casais interculturais no contexto das migrações transnacionais: uma revisão da literatura. *XV Entrecult: encontro de estudos multiculturais em cultura*.

Hamad, N. y Melman, C. (2019). A questão da perda. En *Psicologia da imigração*. Instituto Langage.

Emparan, L. (2023). Contribuciones a la clínica de la migración desde la metáfora del "sujeto partido". En Alves, R. J. *Clínica de la migración: abordaje, teoría y clínica*. RV Ediciones.

Lamovsky, C. S. (2003). Amor, deseo y pulsión en los destinos de la pareja. En Puget, J. (compiladora). *Psicoanálisis de pareja: el amor y sus bordes*. Paidós. pp. 31-59.

Pereira, M. L. I. E. M. (2022). *A clínica psicanalítica com migrantes "livres" e a hipótese do "sujeito partido"*. Instituto de Psicologia da Universidade de São Paulo, Tese Doutorado.

Porchat, I. (2014). A teoria das relações objetais aplicada à psicoterapia de casal psicanalítica. En Gomes, P. B.; Porchat, I. *Psicoterapia de casal*. Casa do Psicólogo.

Puget, J. (compiladora). (2003). *Psicoanálisis de pareja: el amor y sus bordes*. Paidós.

Silva, K. y Malheiros, J. (2012). Casamentos mistos e migração: evidências e negociação familiar no quadro de um espaço transnacional no Atlântico. *Xlll Congresso de Geografia Portuguesa: O compromisso da Geografia para territórios em mudança*. pp. 320-325.

Simonelli, B. T. y Araujo, B. F. Von Borell. (2016). Adaptação de cônjuges e de expatriados e sua relação com o desempenho em designações Internacionais. *Revista eletrônica de Negócios Internacionais ( Internext). Vol. 11, núm. 2*, pp. 21-34.

Viñar, M. (2018). Identidad humana en la globalización contemporánea. en *Experiencias psicoanalíticas en la actualidad sociocultural. Como nos cambia un mundo que cambia*. Centro de publicaciones Educativas y Material Didáctico.

# 6. Apuntes sobre migrantes

*Nelson Gottlieb*

## *¿Quién es migrante?*

Cuenta la historia que Federico II (1194-1250), emperador del Sacro Imperio Romano y rey de Sicilia, curioso por saber el "lenguaje natural" de los niños hizo el siguiente experimento: tomo varios niños y les puso a cada uno, una nodriza. Estas, los tenían que cuidar, alimentar, con una condición, que no les hablaran a las criaturas, así cuando fueran creciendo podrían saber cuál es el lenguaje original de los niños.

La experiencia no termino bien, ya que todos los niños fallecieron, con lo que suponemos que un alimento básico de lo humano es el lenguaje.

Pero, traigo esta anécdota para sostener que no sabemos cuál es el lenguaje original y el hecho de convertirnos en humanos implica una migración.[1]

Voy a tratar de pensar la migración desde un punto de vista de la subjetividad.

Me gustaría ubicar la migración, el movimiento migratorio como constitutivo de hacerse humano y no solo pensarlo bajo la lógica

---

1 Es decir, que cualquier movimiento que implique dejar un hogar para crear otro nuevo sería una migración y las que la lleven a cabo serán migrantes.

visual, que dice que el migrante es, únicamente, quien abandona su lugar de origen. Por supuesto que correrse de la lógica visual/racional, implica tener en cuenta otras formas de descripción en donde lo ocurrido no está determinado, exclusivamente, por un origen nítido, sean éste los deseos inconscientes, y otras formas de poner en juego las formas verbales que hacen del progreso, o tiempo cronológico la única forma de pensar una situación. Correrse de la lógica visual\ racional es poder cuestionar el origen y salirse del orden "único" o "natural" que da esta lógica. Como dice Meschonnic: "La urgencia reside en introducir desorden o desconcierto en los prejuicios" (Meschonnic, 2007, p. 120).

Para hablar, para ser parlante hay que migrar, y esto implica un gesto ético. Un gesto de hospitalidad. O sea, si cada uno de nosotros habla, su "lengua materna" es porque (cada) uno dejo atrás, migro, de un lugar irrecuperable y "hospedo" a un extranjero. Una persona que no manejaba los mismos códigos (que quería saber Federico II), que no manejaba la misma lengua, y tenía otras formas bien diferentes. Que luego, luego, estas personas que hospedamos y nos hospedan, se nominen padres\madre, no quita que esta experiencia inicial, tenga que ver con la migración.

## *Migrantes y traducción.*

> *Ningún problema tan consustancial con las letras y con su modesto misterio como el que propone una traducción (Borges, 1957, p. 105).*
>
> *(...) Cuando afirma, por ejemplo, que la traducción no está dirigida a ningún lector ni a ninguna lectura verdadera, la expresión es muy valiosa en su carácter paradójico. Pero este texto virtuoso y la traducción tal como la practicaba Benjamín, ya muy estudiados, seguirán sin*

> *duda desempeñando un papel pionero en la hermenéutica y en la poética de la traducción (Steiner, 2006, p. 39).*

Algunos traductores, insisten que en el lenguaje hay aspectos no traducibles. La cita de Steiner apunta a resaltar esto en su concepción de traducción del Sr. Walter Benjamin.

> *...Ese núcleo esencial puede calificarse con más exactitud diciendo que es lo que hay en una obra de intraducible. Por importante que sea la parte de comunicación que se extraiga de ella y se traduzca, siempre permanecerá intangible la parte que persigue el trabajo del auténtico traductor. Ésta no es transmisible, como sucede con la palabra del autor en el original, porque la relación entre su esencia y el lenguaje es totalmente distinta en el original y en la traducción (Benjamin, 2016).*

Ahora bien, este "núcleo intraducible" que intento pensar como característica subjetiva y lingüística del migrante, hace posible el relacionarse con otro, el vínculo con otro.

La condición de migrante hace posible, el espacio de producción afectiva que circula en los vínculos.

Este núcleo intraducible que produce imágenes, afectos se pone en juego en el "entre". Espacio que se genera cuando se vinculan dos o más personas.

En el psicoanálisis vincular, autores como Isidoro Berenstein y Janine Puget (2015), hablan de "lo ajeno del otro" como aspecto incognoscible que funciona como motor de acercamiento y alejamiento.

A nivel filosófico, creo, que Emmanuel Lévinas (1995) es la voz que dice de una característica del otro, su infinito y por eso la imposibilidad de conocerlo. Esto se da en la experiencia de "rostro" (Lévinas, 2000). Encuentro con otro, que pide, demanda "No mataras". El otro nos "llama", nos convoca abriendo un espacio ético que maneja otra lógica, que la lógica del yo, del saber. Otra vez, me refiero al llamado del otro como experiencia inaugural (que deja marcas en el cuerpo). Experiencia, que la respuesta a este llamado es una hospitalidad incondicional. Recibir lo que nos viene del otro, sin exterminarlo, sin eliminarlo es lo que nos permite hablar. Este nuevo acto hospitalario, de hacerle lugar a lo que el otro (el\lo migrante) nos reclama, nos permite salir de una repetición, de un encierro ilusorio, de una totalidad. Podemos pensar que este nuevo acto de recibir, hacerle un lugar a eso nuevo que surge en la ex-periencia es un movimiento. Un movimiento que hace un pasaje del migrante a lo migrante.

## *El migrante como Marrano*

Marrano es un término que hace referencia a los judeoconversos de los reinos cristianos de la península ibérica que "judaizaban", es decir, que seguían observando clandestinamente sus costumbres y su anterior religión.

Me pregunto si este secreto que portamos los hablantes, secreto que dice que somos migrantes de lenguajes, costumbres, etc ¿no es asimilable al marranismo, como movimiento que inaugura la subjetividad en la modernidad? Hay que recordar que el "marranismo" surge en el momento de la colonización de España sobre América, o sea, el comienzo de la modernidad.

Escribe Ricardo Forster (2005, p. 155)

> *la hipótesis fuerte de este trabajo es que* el marrano es el alter ego del sujeto moderno, *de ese sujeto construido como unicidad alrededor del proyecto de una racionalidad autosuficiente. El marrano viene a operar la figura del descentramiento, de la fragmentación, de la simulación, de la imposibilidad de la unión y de la completitud.*

> *El marrano se ve en un espejo que está roto. Pero la diferencia entre el espejo sano y el espejo roto me parece que es bien interesante. La identidad que devuelve el espejo roto es la imposibilidad de toda la identidad, pero al mismo tiempo nos devuelve la profundidad y el descentramiento de toda identidad (Graff Zivin, 2021).*

El "marrano" al igual que el "migrante" es un sujeto dividido, escindido, en donde conviven diferentes maneras de hacer, de sentir. En donde el secreto oficia de motor.

De estas diferencias, surgen diferentes modos de hacer, como necesidad vital y fuente de resistencias contra esas diferencias: el racismo.

Paciente: "Sabe que tengo una abuela que no habla bien el español! Como es alemana dice "el sillo", en lugar de "la silla", y me deja pensando ¿porque los objetos hay que ponerles un artículo que defina el género?

Producción del migrante: es el interrogar las formas de hacer, de hablar, de la sintaxis, etc. Por lo tanto, de cuestionar el origen, el orden que se establece para sostener y perpetuarlo. Orden que alberga, en su sintaxis, una lógica que sostiene diferencias para dominar, para jerarquizar. En fin, para violentar y explotar al otro. Esta lógica, nominada Lógica de Estado (Gottlieb, 2023), sostiene subjetivamente la vivencia de colonialidad, invisibilizando, desvalorizando las situaciones que no encajan a sus fines.

> *Walter Mignolo ha contribuido notablemente para la comprensión de la* consciencia escindida *propia del patrón de la colonialidad. Describió el tema de una territorialidad que nunca logra inscribirse de manera adecuada en el discurso de los pueblos; entendemos la inconsistencia entre una territorialidad "geométrica", cartográfica, que orienta el poder político, y clausura la voz enunciada a*

> *partir de los técnicos. De esta forma, el control colonial impide a las conciencias situarse en su paisaje y expresarse a partir del mismo; su discurso es capturado por un poder político que lo persuade u obliga a localizarse con referencia a centros geográficos impuestos a la subjetividad por la poderosa retórica administradora del mundo, es decir, la retórica colonial (Segato, 2018).*

## *Torre de Babel y migrantes*

Sabido es el relato bíblico que da cuenta de la dispersión, migración, y de porque en diferentes lugares se habla diferentes lenguas. Después del diluvio, Noe y sus familiares quisieron hacer un torre en Babel, y allí Dios la destruye obligando a la dispersión, migración.

Steiner (2013, p. 77) dice "que casi todas las civilizaciones cuentan con su versión de Babel, con su mitología de la dispersión original de las lenguas". La caracteriza como bendita experiencia.

Pero me interesa transmitir el sesgo que le da Reyes Mate (2004), a dicha experiencia, para pensarla en el migrante:

> *Lo que fracasa (en la construcción de la Torre de Babel) es la tiranía del lugar* único. *La tiranía de la lengua* única, *de la ciudad* única. *Se dispersaron y ocuparon pacíficamente la tierra, dice el texto/mito.*

El migrante, por lo tanto, porta, portamos, esa inscripción que da el mito de Babel: oponerse a la única lengua, única versión. La oposición es al totalitarismo como opción única de organización de la ciudad (Babel). Este sesgo lo vuelve potencialmente peligroso al migrante, en tanto imagen y sostén de lo diferente, de la imposible identidad única.

## *Migrante, parejas violencia*

*Y siempre son dos, que dicen, estoy solo, siempre por vos.*

Eduardo Mateo

Para terminar, quiero traer un caso de una pareja, para pensar ¿de qué manera escuchar "lo migrante"? ¿Como hacerle lugar a lo migrante para no someterlo, excluirlo o eliminarlo, en la clínica?

> ADAM Y Eva están casados en segundas nupcias, conviven con un hijo de ella y durante una semana si y otra no, con dos hijos de él. Consultan por discusiones violentas y agresiones. Los dos tienen títulos universitarios.
>
> DICEN DE una manera genérica sus discusiones y las enjuician: "Este todo mal entre nosotros, discutimos por cualquier cosa y terminamos a los golpes".
>
> LES PIDO que me cuenten una situación concreta y que describan las acciones sin enjuiciarlas.
>
> EVA: CUANDO llegó Adam, le pedí que hablara con sus hijos para que den una mano con la casa. Él llega de trabajar 20 horas y se pone a hacer las cosas de la casa. Resuelve todo sin pedir ayuda a nadie. Arriba no me escucha, me enoja y le empiezo a pegar. Sé que está mal, pero así no quiero seguir.
>
> ADAM: CREÍ que teníamos un acuerdo, que pusimos una persona que te ayuda con la casa.

El psicoanálisis propone, en la clínica, una forma de relato que no parta de juicios ya que, luego de enunciados estos, lo que sigue es la confirmación de tal juicio. Creo, que, según como se relaten las situaciones, se pueden encontrar inconsistencias, obstáculos para producir de otro modo. De ahí el pedido que al describir no partieran de juicios.

He visto que las descripciones genéricas, arman una categoría que no da lugar a conflictos, ya que las congruencias que da ¨la categoría¨ (dada por la exclusión de lo no idéntico) no permite desplegar conflictos. O generan la ilusión de una única salida, dada por "quien tiene la razón".

Eva le plantea una situación a Adam, en donde la respuesta no genera un acercamiento entre los dos, sino la confirmación de como ¨son¨ cada uno de ellos. Eva ¨es¨ la que se queja, grita y pega, Adam ¨es¨ el que resuelve situaciones a partir de acuerdos. Acercamiento que describe la forma de hospedarse, de dar lugar a lo que viene del otro, para generar un porvenir; en donde puedan caber, entrar, los dos. ¨Así no quiero seguir¨ abre a la posibilidad de no dejar la repetición como única forma de relación y dar lugar a otro porvenir.

Me gustaría remarcar que ese "otro porvenir" puede ser posible en un ámbito que no encierre a los hablantes en sus razones, en sus yoes. Encierro que no da lugar a otras formas de encausar la violencia del migrante, del otro, a no ser la culpa. Culpa del otro que nos confirma en la manera lógica de hacer, pasivizando al hablante y alejándolo de la situación concreta.

En tal sentido resaltaría los afectos que vuelven a centrar en el yo, confirmando la lógica única.

Diferente son los afectos que pueden dar cuenta de un movimiento. En otro lado lo planteo así (Gottlieb, 2007):

> *CONFIRMACIÓN. Produce conocimiento como forma de confirmar la identidad de los que pertenecen al vínculo. Aquí la identidad confirma lo mismo. En tal sentido, diría que confirman una idea previa. Intervienen afectos ligados al orgullo y formas de pensamiento como la convicción. Destaco como el lenguaje a través de los juicios (yo soy así, o siempre fue así, por ejemplo), hace una profecía*

*autocumplida. Un círculo perfecto (totalidad) en donde la exclusión del otro es casi un elemento constitutivo de esa lógica, de esa forma de hacer y de pensar. Aquí la identidad es por oposición. Yo no soy vos y el orgullo, así como el honor, hace un cinturón que confirma el polo ideático sobre la experiencia.*

*A diferencia de*

*AFIRMACIÓN. Una respuesta que dé cabida a la diferencia, al otro que afirma que la identidad es heteridad. Uno va siendo otro con otro. En la heteridad se da "la paradoja de que el yo da lugar a otro" (Agmben, 2002). Una forma particular de generar heteridad es el humor, en tanto permite ubicar situaciones por fuera de un centro que da las convicciones. El humor en tanto hacer vincular, permite relativizar, cambiar magnitudes de afectos y conectar de otra manera. Otra manera que difiere de volver a lo mismo. Otra manera que da cuenta de un más allá (porvenir) de ser uno mismo. Un ir sin vuelta(s), nómade, a la deriva.*

*El humor permite afirmar la diferencia y dar cabida a lo nuevo.*

Agregaría la vergüenza como afecto que habilita a un movimiento.

Como dice Eduardo Mateo en su canción: "Y siempre son dos, que dicen, estoy solo, siempre por vos". Sin embargo, a veces, el juicio, la culpa y la deuda que conlleva inclina la situación para ver que es uno (sólo) el culpable.

Otro porvenir esta dado por las condiciones que pone el psicoanálisis para conversar: libre asociación y abstinencia, o sea, no partir de los juicios desde los diferentes lugares en donde se da el vínculo analítico.

El dispositivo analítico genera un potencial para no repetir las fórmulas de salida, que permiten, por un lado, cuestionar el origen del malestar y ver si el orden de hacer (regulado por el poder hacer) puede moverse un poco. La sesión analítica pone en juego la anarquía.[2]

Lo migrantes, con sus efectos violentos por el cuestionamiento y por su potencial cambiante, es uno de los desafíos que tenemos por delante, de cómo hacerle lugar para vivir con mejor justicia.

Montevideo, junio de 2024

PD: sé que estos esbozos plantean una perspectiva desde la subjetividad, nos queda, por delante, como darle lugar a lo migrante, en lo político y social, para que no quede como única salida del Estado, la guerra, el exterminio del otro.

Para pensar\hacer necesitamos de otros y especialmente de lo(s) migrantes.

## *Referencias*

Agamben, G. (2002). *Lo que quedo de Auschwitz.* Pre-textos.

Benjamin, Walter. (2016). La tarea del traductor. En *Angelus Novus*. Edhasa, 1971. https://masterenedicion.com/wp-content/uploads/2016/01/Walter-Benjamin-La-tarea-del-traductor.pdf

Borges, Jorge Luis. (1957). Las versiones homéricas. *Discusión*.

Forster, Ricardo y Tatián, Diego. (2005). Mesianismo, nihilismo y redención. *De Abraham a Spinoza. De Marx a Benjamin*. Altamira.

Gottlieb, Nelson. (2007). La pareja: mapeo de plano. En: https://www.academia.edu/6805707/La_pareja_mapeo_de_planos

Gottlieb, N.; Arévalo, C. y Larriera, H. G. (2023). Dos imágenes y algunos elementos sobre Lógica de Estado. En *Entreveros y*

2 Anarquia: an como prefijo negativo (NO); *arkhe* significa origen y orden.

*afinidades 4. Prácticas decoloniales para otras condiciones de existencia.* Imprenta Dorrego

Graff Zivin, Erin. (2021). *Anarqueologías.* Ética de la lectura errada. Prometeo.

Lévinas, Emmanuel. (1995). *Totalidad e infinito.* Ediciones Sigueme.

Lévinas, Emmanuel. (2000). *Ética e infinito.* La Balsa de Medusa.

Mateo, Eduardo. *De nosotros dos* (canción). Mateo solo se lame. En: https://www.youtube.com/watch?v=CldwFk-_4XA

Meschonnic, Henri. (2007). *Un golpe bíblico en la filosofía.* Lilmod.

Puget, Janine. (2015). *Subjetivación discontinua y psicoanálisis. Incertidumbres y certezas.* Lugar.

Segato, Rita. (2018). *La crítica de la colonialidad en ocho ensayos.* Prometeo.

Steiner, George. (2006). *Los logrócratas.* Hablar de Walter Benjamin. Siruela.

Steiner, George. (2013). *Después de Babel.* Aspectos del lenguaje y la traducción. Fondo de Cultura Económico.

# 7. Transmisión psíquica generacional en tiempos de hibridación cultural

*Fernanda Ribeiro Palermo y Carla Martins Mendes*

## *Introducción*

La percepción de un mundo globalizado y homogéneo se ha convertido en un reto ante el aumento de los desplazamientos migratorios. Clásicamente, las migraciones son eventos sociales que se desarrollan de acuerdo con diferentes contextos históricos, sociales, culturales y políticos. Fenómeno complejo que siempre ha existido en toda la humanidad, presentando características, causas y desarrollos específicos de acuerdo con la época.

Los intensos movimientos entre fronteras, las migraciones, el turismo de masas o la expatriación, facilitados por el desarrollo tecnológico, han llevado a varias corrientes de las ciencias humanas a importar la noción de hibridación del campo biológico. Como fenómeno que moldea y remodela la experiencia humana, la hibridez cultural se refiere a menudo al contexto poscolonial, convirtiéndose en el principal efecto de la globalización (Bhabha, 1998; Canclini, 2007; Hall, 2014). El hibridismo cultural, por lo tanto, conlleva en sí mismo la idea de desequilibrio y desigualdad en las relaciones de poder entre las culturas.

El hibridismo cultural se refiere a la interacción permanente y compleja entre múltiples culturas que crean una tercera cultura, como consecuencia de los medios de comunicación global, las economías transnacionales, los flujos migratorios, entre otros, con repercusiones en las identidades (Canclini, 2007, p. 33). En este sentido, Hall (2014, p. 86) definió a las identidades culturales como la construcción permanente de significados a partir de la diversidad y heterogeneidad de la experiencia humana. La denominación plural retrata la multiplicidad de cambios, encuentros y desencuentros que actúan en el proceso identitario, construido a través de la tensión entre las representaciones del sujeto, la cultura y los espacios de movilidad.

Según el autor, la identidad local, una vez estable, fija y continua, promovió el anclaje a las tradiciones de los diferentes grupos culturales. Con la globalización, las identidades comienzan a presentarse como un proceso fragmentado y fracturado. Influenciado por las fuerzas culturales globales, el desarrollo de identidades híbridas se convierte en un fenómeno particularmente complejo entre la población migrante, dado que el valor cultural único y compartido da paso a un proceso de transformación operado por rupturas y discontinuidades (Hall, 2014, p. 10-13).

Ante el valor polisémico del término cultura, consideraremos el propuesto por Plivard (2014, p. 8): un sistema coherente de producción simbólica y prácticas de un grupo constituido por la historia y el territorio. De esta manera, la concepción de cultura e identidad híbrida, surgida de la globalización, pone de relieve la transformación de las identidades étnicas. Esta transformación es un reflejo de los heterogéneos flujos migratorios de diferentes orígenes, lo que exige una negociación permanente y fluidez para hacer frente a las contradicciones y dilemas inherentes al proceso. En este sentido, Bhabha (1998, p. 51) sostiene que la experiencia moderna de la movilidad humana ocupa un espacio que no es ni 'uno 'ni 'otro' llamándolo tercer espacio, o espacio híbrido. Este tercer espacio estaría marcado por el "inter", un espacio de negociación, que funciona como intermediario entre culturas. Alejándose de la idea de mestizaje cultural, el autor se refiere a la hibridez cultural, destacando la diversidad y la negociación como productos de una evolución histórica poscolonial (pp. 67-68).

Toda esta transformación repercute en los procesos de subjetivación y apropiación de las identidades culturales. En este contexto, Arnett (2002, pp. 777-778) se centró en las consecuencias de la globalización sobre la cultura y la identidad de los inmigrantes, haciendo hincapié en la confusión identitaria como la principal consecuencia de los rápidos cambios culturales globales. Las diferentes representaciones simbólicas desencadenarían un conflicto interno, que llevaría a los sujetos a cuestionar la capacidad de la cultura de origen para hacer frente a las necesidades, demandas y requerimientos globales. En la concepción del autor, la cultura dominante estaría cambiando tan rápidamente que llevaría a muchos migrantes a presentar dificultades para aprehender el sentido de pertenencia. Como resultado, los inmigrantes no permanecerían anclados en sus culturas de origen, ni desarrollarían recursos psíquicos que les permitieran pertenecer a la cultura anfitriona, dando lugar a la confusión psíquica y la alienación.

La relación entre cultura y subjetividad también es dilucidada por Nathan (2013, p. 33), cuando el autor se refiere a la cultura como una función continente, un contenedor psíquico. A partir de las teorías de D. Anzieu sobre el yo piel y la envoltura psíquica, Nathan (2013, p. 130) define la cultura como un sistema cerrado que, en caso de pérdida, debe ser reconstituido, ya que cumple la función de contener el yo y asegurar la cohesión psíquica de la cultura interiorizada. Al indicar que la subjetividad y la cultura mantienen relaciones homeostáticas, argumenta que la cultura internalizada debe apoyarse en el sustento de la estructura cultural externa para seguir siendo funcional. Es a través de la dialéctica entre lo interno y lo externo que la cultura participa en la constitución del funcionamiento intrapsíquico. El autor también postula que, en el contexto migratorio, la pérdida del marco interno de la cultura originaria conduce a una transformación del patrón cultural interno original.

En este escenario, partimos de la idea de que, frente a las transformaciones del mundo contemporáneo con sus diversidades, las familias atravesadas por la migración tienen un mayor desafío para sostener sus orígenes y pertenencia identitaria. A diferencia de épocas anteriores, en las que los estudios sobre las familias exogámicas se centraban en categorías étnicas, culturales o lingüísticas, centramos nuestra discusión en el proceso de transmisión psíquica de los orígenes y los valores simbólicos impresos en el encuentro con las diferencias culturales.

El lugar subjetivo que ocupan las familias en el campo social está a la orden del día. Los descendientes son depositarios de contenidos transmitidos por filiación y afiliación a través de representaciones psíquicas culturales. La transformación identitaria en los descendientes se opera a través de procesos de identificación y la articulación entre los diferentes espacios subjetivos del vínculo familiar. A partir de la noción de vínculo propuesta por R. Kaës (2015, p. 84) – una realidad psíquica específica construida por el encuentro entre dos o más sujetos –, el objetivo de este trabajo es reflexionar sobre los impactos en la transmisión psíquica generacional en tiempos de hibridación cultural.

## *Migración y lazos familiares*

Los estudios sobre exogamia familiar se inscriben en el contexto de las transformaciones observadas en las relaciones de pareja y familia en las últimas décadas. Recién en la segunda mitad del siglo XX, la exogamia comenzó a ser considerada como un elemento constitutivo del proceso migratorio. Según Le Gall y Therrien (2013, p. 3), el transnacionalismo, asociado al mantenimiento de redes afectivas, tecnológicas, entre otras, permitió un abordaje migratorio basado en la construcción de territorios establecidos por lazos familiares, económicos y simbólicos a través de las fronteras.

Lo que se observa actualmente es el creciente aumento de los estudios sobre familias mixtas, resultado de la evolución de la diversidad cultural y sus especificidades, que van desde la construcción del vínculo conyugal hasta el ejercicio de la parentalidad. Todo este escenario está permeado por cuestiones psíquicas, generacionales, sociopolíticas y ciudadanas.

La experiencia migratoria es considerada, por lo tanto, un evento familiar con ramificaciones que van desde las familias de origen, pasando por el núcleo familiar constituido, hasta llegar a la transmisión de herencias psíquicas a las generaciones futuras. Frente a esto, las familias marcadas por la migración tienen una temporalidad psíquica forjada por procesos contradictorios, permeados por rupturas, pérdidas y reconstrucciones. Esto se debe a que, junto con el desplazamiento geográfico, se produce un cruce temporal que repercute en los orígenes y en la actualidad.

El tiempo cronológico de cada miembro de la familia está ligado a su posición en la cadena generacional y a las transmisiones recibidas. El tiempo cronológico es, por tanto, un proceso dinámico que repercute en la temporalidad psíquica de cada miembro del grupo familiar, ya que está conformado por elementos de diferentes generaciones y asegura la identidad familiar. El proceso de desplazamiento geográfico, marcado por una dialéctica entre origen y destino, promueve cambios culturales que impactan el psiquismo y la temporalidad del migrante.

En este sentido, todo el proceso migratorio está permeado por una dimensión traumática, y el sufrimiento psíquico está directamente ligado a la calidad de los vínculos con la familia de origen, a las razones que desencadenaron el desplazamiento y a las condiciones de acogida en la cultura de destino. Por lo tanto, la identidad del migrante es pensada desde la condición de vulnerabilidad psíquica, social y familiar derivado de la complejidad del desplazamiento migratorio, que impacta procesos conscientes e inconscientes con repercusiones familiares y generacionales.

Cuando nos referimos a las familias en un contexto migratorio, nos encontramos con lo que es del orden de lo familiar y lo extraño, de lo conocido y de lo que necesita ser reconocido para integrarse en el psiquismo. En este contexto, Kaës (1998, p. 1-11), para referirse a la diferencia cultural, utiliza el concepto de diferencia de S. Freud, asociado a la idea de extrañeza, displacer y hostilidad. Nombró la tercera diferencia como la introducción del sujeto en la afiliación, que engloba las identificaciones compartidas y las alianzas psíquicas narcisistas y defensivas, necesarias para la convivencia en sociedad frente a lo no familiar. La transgresión de la tercera diferencia establece al otro en el reino de la enemistad y la subversión. La seguridad sustentada por los grupos de pertenencia, familia y sociedad de origen se enfrenta a las diferencias y alteridad de otra cultura, requiriendo una reorganización subjetiva.

Dada la complejidad de la discusión, se argumenta que la migración es un fenómeno que pone a prueba el aparato defensivo frente al mestizaje cultural, ya que las familias migrantes están expuestas a diferentes universos culturales: la cultura de la familia de origen, por un lado, y la cultura de acogida, por el otro. La diversidad cultural, que permea a las familias en un contexto migratorio, repercute en la conyugalidad y la parentalidad, dando lugar a modos de subjetivación entrelazados en rupturas y recreaciones, con repercusiones en la transmisión psíquica entre generaciones.

## *Transmisión psíquica entre generaciones*

La transmisión psíquica entre generaciones está anclada en la concepción del sujeto inscrito en la cadena genealógica desde su nacimiento, convirtiéndose en portador de contenidos que mantienen la continuidad del linaje y aseguran la historicidad familiar. Cada sujeto está inscrito en una cadena genealógica que le precede y en la que participa. De esta manera, la transmisión psíquica generacional es una de las funciones primarias de la familia, y la que circula entre los ascendentes hacia los descendientes es un modelo prototípico de padres a hijos, de abuelos a padres, y así sucesivamente.

La transmisión también se traduce en la forma en que los descendientes reciben y ponen a trabajar psíquicamente esos legados, lo que incluye la devolución de este trabajo a las generaciones anteriores, ya sea de manera simbólica y creativa, o forjada por repetición. Es el carácter dialéctico y asimétrico entre los miembros de la familia lo que fomenta los lazos de filiación y afiliación, dando lugar a un sentido de pertenencia. La transmisión tiene, por tanto, una función organizadora que garantiza las tres diferencias fundacionales de la familia: la diferencia entre uno mismo y el otro (alteridad), la diferencia entre los sexos y la diferencia entre generaciones (Houzel, 2006, p. 51).

Estamos alineadas con la concepción de transmisión psíquica propuesta por Kaës (2015, p. 75), que parte de la premisa de que el sujeto provenga del grupo y sea sujeto de múltiples grupos, habitando diversos espacios psíquicos intersubjetivos. Según el autor, lo que está en juego en la transmisión es la formación misma del inconsciente y los efectos sobre la subjetividad producidos por la intersubjetividad. Así, el grupo precede al sujeto, quien recibe herencias a través de representaciones simbólicas, procesos de identificación y transmisión psíquica.

Los contenidos elaborados que se transmiten entre las generaciones configuran la transmisión intergeneracional, que posibilita la apropiación de la cultura y los orígenes por parte del sujeto. Pero lo que se transmite y lo que constituye la prehistoria del sujeto, no es sólo lo que lo sostiene y lo asegura, también está lo que se hereda a través de lo que no pudo ser contenido ni retenido dentro, lo que no es accesible a la memoria, sino que está inscrito en la psique familiar y será depositado y transferido a las generaciones posteriores. Se trata de la falla de la escisión, de la transmisión de duelos no elaborados a través de la transmisión transgeneracional.

Desde este punto de vista, el sujeto se constituye a través de las herencias psíquicas transmitidas a través de las generaciones y por la cultura, lo que asegura sus lazos de filiación y afiliación y su lugar en la genealogía. Para Kaës (2012, p. 30), la cultura precede a la familia y la atraviesa, lo que contribuye a la urgencia de la transmisión como condición para la conservación de la identidad. En el caso de los descendientes de familias migrantes, existe la especificidad de que experimentan una doble referencia cultural, la de sus padres y la de la sociedad de acogida, lo que hace pensar la transmisión psíquica desde los procesos psíquicos que subyacen al fenómeno migratorio.

Para comprender mejor la dimensión psíquica de la cultura en la familia migrante, recurrimos a Rouchy (2014, p. 63), quien considera a la familia como un grupo de pertenencia primaria y una matriz de identidad cultural, una base compartida en la que ocurren los procesos de singularización. Los límites del sujeto y del grupo, así como los límites del yo y del no-yo, del adentro y del afuera, de lo imaginario y lo real, tienen sus fundamentos en esta base cultural. La aprehensión del mundo compartido se produce desde los sistemas de pensamiento, y la subjetividad es vista como un afluente de la intersubjetividad.

La inscripción en el linaje familiar está anclada en lo que Rouchy (2014, p. 64) denominó incorporaciones culturales, elementos inconscientes que organizan el espacio relacional y el tiempo vivido, tanto interna como externamente. El sujeto se vincula por formas previamente programáticas y que no tienen representación en el psiquismo y que proporcionan interacciones. Para el autor, a partir de las nociones de D. Winnicott sobre la relación corporal que se establece entre la madre y el bebé, marca inicial de la experiencia cultural, esta incorporación se produce a través de una comunicación somato psíquica, similar a la aquella comunicación directa entre un cuerpo y el otro.

Es en la comunicación más primaria, anterior al lenguaje, donde las incorporaciones culturales actúan como conductores naturales que sirven de base para el surgimiento de asociaciones de ideas. Son anteriores a la relación de objeto y se establecen a partir de una base común compartida, inconsciente, que aporta elementos para la emergencia de los procesos de singularización y elaboración psíquica. En este sentido, consideramos que las incorporaciones culturales integran los contenidos inter y transgeneracionales que actúan sobre el aparato psíquico familiar (Ruffiot, 1981) y funcionan como límites que dan forma y contención a lo que se transmite entre generaciones.

A partir de la formulación anterior, reiteramos que el sujeto tiene un origen que es inseparable del grupo primario, ya que las incorporaciones culturales actúan como una red de interacciones generacionales que precede al sujeto y le proporciona soporte subjetivo. Es a través de este soporte que el sujeto interioriza los elementos de la cultura de origen y comienza a reconocerse como parte de ella. Como propone Moro (2010, p. 5), la noción de cultura abarca la dimensión de un significado interiorizado y compartido que cumple las funciones de humanización y sostén del sujeto.

A partir de la frase de G. Roheim, "no hay hombre sin cultura", Moro (2010, p. 20) se refiere al mestizaje como proceso de transmisión como fenómeno dinámico que se fusiona a partir de la segunda generación, incluso antes del nacimiento de los sujetos. Llamó "cuna cultural" a la forma en que el niño es culturalmente investido y percibido antes de nacer, señalando que la cultura es el resultado de la determinación de conocimientos implícitos, comunes a todos los individuos, y de la transmisión entre generaciones (MORO, 2010, p. 39). La "cuna cultural" ancla el registro familiar como signo de identidad y pertenencia. El registro familiar está inscrito en la psique como patrimonio histórico, social y cultural, haciéndolo inseparable de la memoria familiar.

En este sentido, entendemos que la historización del sujeto está garantizada por el proceso de memoria familiar. Muxel (2007, p. 13) inscribe la memoria familiar en la construcción permanente de la historia familiar que da sentido al pasado y se manifiesta en los recuerdos, a través de imágenes, objetos, impresiones y sensaciones. La autora señala tres funciones de la memoria familiar: la función de transmisión, la de reviviscencia y la de reflexividad. La primera se refiere a la memoria ligada a los vínculos genealógicos, con valor simbólico de pertenencia familiar. El recuerdo de reviviscencia se refiere a las percepciones y sensaciones experimentadas, especialmente en la infancia. Tiene una función atemporal, el pasado y el presente se cruzan, actualizan y reeditan sentimientos. Por último, la función reflexiva se centra en una evaluación de las experiencias pasadas. Es un tipo de memoria más selectiva, se trata de la reconstitución del pasado, que implica sufrimiento psíquico.

La memoria familiar forma parte de lo que se transmitirá entre generaciones, siendo parte importante del proceso de subjetivación de los sujetos. El término generación apunta, por un lado, a una dimensión genealógica, en el sentido de ascendencia, y, por otro lado, se refiere a una dimensión dentro de la misma temporalidad generacional, haciendo de la transmisión un reflejo de cómo se percibe y experimenta el tiempo a lo largo de las generaciones. En este sentido, la transmisión se refiere a una temporalidad generacional percibida en tiempos históricos y sociales que se desarrolla en espacios simultáneos, aunque diferenciados.

Plivard (2014, p. 15) observa que la identidad cultural está fuertemente determinada por los modelos de integración parental. Si el tránsito entre culturas se produce de manera conciliadora, en el sentido de percibir una identidad cultural compatible, es posible que las siguientes generaciones desarrollen una cultura emergente, una tercera cultura capaz de integrar la diversidad. Por otro lado, las diferentes referencias culturales pueden ser una fuente de conflicto interno, particularmente en los casos en que se ven obligados a elegir entre una cultura y otra, lo que a menudo conduce a la negación de parte del origen.

Frente a los cruces que experimentan las familias migrantes, la necesidad de narrar la historia se vuelve casi imperativa. Es a través de la narrativa sobre la propia biografía que se produce la apropiación de los orígenes, permitiendo que los sujetos transiten en la diversidad. Las motivaciones migratorias, inscritas en tiempos y espacios flexibles, contribuyen a la transmisión de tradiciones, creencias y valores de una manera más difusa e integral. El encuentro de la familia con sus fundamentos simbólicos se entrelaza con la activación de la creatividad en la elaboración de las pérdidas relacionadas con el desarraigo y sus posteriores procesos de duelo. Todos estos factores tienen un mayor impacto si tenemos en cuenta que la constitución de familias transculturales se produce, sobre todo, en el contexto migratorio y en sociedades cada vez más interculturales. Desde este punto de vista, la transmisión psíquica tendría una elaboración que implicaría algo nuevo, integrador.

Por otro lado, cuando es difícil elaborar el duelo relacionado con la migración, las siguientes generaciones se ven impactadas por el sufrimiento, los secretos no expresados, una marca de transmisión transgeneracional. El problema de la transmisión psíquica en las familias migrantes radica en su carácter transgeneracional, ya que se corre el riesgo de borrar las raíces y, al borrarlas, el sujeto se convertiría en rehén de la aparente facilidad de movilidad, posibilitada por la comunicación tecnológica. De este modo, se convertiría en un errante, buscándose a sí mismo. Cuando no hay apropiación de los orígenes, que incluye la historia migratoria y genealógica, hay una reducción de la movilidad psíquica.

El estrechamiento de la movilidad psíquica impacta en el encuentro con la cultura durante varias generaciones, enredándolas en la transmisión transgeneracional. El desarraigo familiar y cultural puede activar mecanismos defensivos complejos y ambiguos en los individuos, haciéndolos susceptibles a una desintegración psíquica transitoria o prolongada en el tiempo. Cabe destacar que la motivación, primera etapa subjetiva del proceso migratorio, está anclada en representaciones psíquicas sobre la familia de origen, y no solo incluye elementos relacionados con la libertad y la pertenencia, sino que también concierne al deseo de romper y distanciarse de los propios orígenes.

Cuando los límites entre generaciones se vuelven frágiles, o incluso invertidos, surge un estado de confusión en la familia. Si se ataca la genealogía, se corre el riesgo de que se activen fantasías auto engendradoras, que van en contra del reconocimiento de la escena primitiva y a favor de la autosuficiencia narcisista. Las fantasías auto engendradas se refieren a un tipo de inversión psíquica familiar en la que hay un rechazo a transmitir y recibir herencia psíquica. Una especie de ilusión grupal que opera según la lógica de la fusión y la indiferenciación, impidiendo la historización del grupo familiar (Duret, 2000, p. 130; Maqueda, 2003, p. 33).

La ilusión grupal fue nombrada por D. Anzieu, como un deseo de seguridad grupal, representando una defensa colectiva contra la ansiedad persecutoria común que, como un yo ideal común, reemplazó al yo ideal de cada miembro del grupo (Mendes, 2021, p. 282). Basada en la convicción de que el grupo debe cumplir con todas sus expectativas, la ilusión grupal funciona como una defensa contra la angustia de la pérdida, cumpliendo la función de realizar los deseos primarios. (Palermo y Magalhães, 2021, p. 18).

En este contexto, el auto engendramiento familiar promueve el cierre de la familia en sí misma, proporcionando oportunidades para la circulación de la fantasía compartida de que la existencia de la familia no depende de las generaciones anteriores. El resultado de este fenómeno es la confusión en los vínculos familiares y el estrechamiento de los espacios psíquicos de cada miembro de la familia, dando lugar a una trampa: en la medida en que la familia rechaza herencias y orígenes, se abre un precedente para la transmisión transgeneracional de una herencia maldita a las generaciones futuras. Frente al silencio y al borrado de los orígenes, el futuro se convierte en un tiempo incierto y nebuloso, marcado por el vacío subjetivo.

## *Reflexiones finales*

La transmisión psíquica generacional en tiempos de hibridación cultural se ve desafiada por los impactos del proceso migratorio que ponen en cuestión la continuidad psíquica y generacional, revelando a menudo fallas en la historicidad familiar. La apropiación de múltiples referencias culturales se convierte en un desafío para la transmisión de un patrimonio generacional y cultural. El auto engendramiento, como fantasía que refuerza la ilusión familiar de autosuficiencia, puede ser utilizado como un recurso defensivo del grupo familiar. Como consecuencia, se produce un vaciamiento simbólico de la conexión entre el pasado y el futuro y un precario sentido de pertenencia identitaria. Este es el terreno fértil para el borrado de memorias basadas en profundos conflictos psíquicos y generacionales, que repercuten en el compromiso de la transmisión de herencias psíquicas.

Sostenemos la idea de que la apropiación del origen es el pilar que permite al sujeto actualizar, reeditar y transformar las múltiples referencias culturales que lo componen. El anclaje al origen se apoya en la memoria familiar, que posibilita la reinvención de la identidad familiar en cada generación y garantiza la flexibilidad psíquica necesaria para el tránsito entre múltiples referencias culturales. Por lo tanto, pensar en la diversidad cultural es también considerarla una rica fuente de creatividad y transformación en la redefinición de nuevos lugares subjetivos, sociales y culturales.

## Referencias

Arnett, Jeffrey. (2002). The psychology of globalization. *American Psychologist, 57*, 10. pp. 774-783, https://doi:10.1037//0003-066X.57.10.774

Bhabha, Homi K. (1998). *O local da cultura*. UFMG.

Canclini, Nestor. (2007). *Culturas híbridas: estratégias para entrar e sair da modernidade*. EDUSP.

Duret, Isabelle. (2000). L'auto-engendrement : une solution pour échapper au destin familial? Considérations systémiques sur les répercussions transgénérationnelles des traumatismes et les solutions imaginées par les familles pour les contourner. *Thérapie Familiale. 21*. pp.129-140.

Hall, Stuart. (2014). *A identidade cultural na pós-modernidade*. Editora Lamparina.

Houzel, Didier. (2006). As implicações da parentalidade. En L. Solis-Ponton (org.). *Ser pai, ser mãe. Parentalidade: um desafio para o terceiro milênio* (pp. 47-51). Casa do Psicólogo.

Kaës, René. (2015). *L'extension de la psychanalyse. Pour une métapsychologie de troisième type*. Dunod.

Kaës, René. (1998). *Différences culturelles et souffrances de l'identité*. Dunod.

Le Gall, Josiane y Therrien, Catherine. (2013). Introduction. Lien conjugal, migration et transnationalisme : reconfiguration des formes de conjugalité et impacts sur les processus d'intégration et de construction identitaire. *Diversité urbaine, 13, n 2*, pp. 3–8 https://doi.org/10.7202/1025158.

Maqueda, Francis. (2003). Fantasmes d'auto-engendrement. Mythe fraternel et attaque de l'altérité dans des groupes d'adolescents. *Le Divan familial. N.10*, 1, pp. 33-44 https://doi.org/10.3917/difa.010.0033

Mendes, Carla Martins. (2021). Ilusão familiar. En Levisky, Ruth; Dias, Maria Luisa; Levisky, David. *Dicionário de psicanálise de casal e família*. Blucher.

Moro, Marie Rose. (2010). *Grandir en situation transculturelle*. Yapaka.

Muxel, Anne. (2007). *Individu et mémoire familiale*. Hachette..

Nathan, Tobie. (2013). *La folie des autres. Traité d'éthnopsychiatrie générale*. Dunod.

Palermo, Fernanda Ribeiro y Magalhães, Andrea Seixas. (2020). Laços familiares e sensoralidade: diálogos sobre o grupo e o singular. *Passages de Paris, n. 19, 1*, pp. 8-21.

Plivard, Ingrid. (2014). Psychologie interculturelle. De Boeck Supérieur: Le point sur... *Psychologie*. https://www.cairn.info/psychologie-interculturelle--9782804189365.htm

Ruffiot, André. (1981). Appareil psychique familial et appareil psychique individuel, hypothèses pour une onto-éco-génèse. *Dialogue - Familles & Couples, n.72*.

Rouchy, Jean-Claude. (21014). Processus archaïque et psychanalyse du lien. *Revue de psychothérapie psychanalytique de groupe, n°* 62, 1, p. 53-65. DOI:10.3917/rppg.062.0053. URL: https://www.cairn.info/revue-de-psychotherapie-psychanalytique-de-groupe-2014-1-page-53.htm

# 8. Migración y pertenencia

*Adriana Navarrete Bianchi*

*Como me cuesta marcharme*
*Me cuesta quedarme*
*Me cuesta olvidar*
*El olor de la tierra mojada*
*La brisa del mar*
*Brisa del mar, llévame hasta mi casa*
*Brisa del mar*
Jorge Drexler, Un país con el nombre de un rio.

Pocas cosas movilizan emocionalmente tanto como migrar.

Podríamos pensar que alguien que se propone migrar de su país de origen está dispuesto a afrontar el reto de lidiar con las incertidumbres, las novedades y las inestabilidades que su elección necesariamente traerá con él, pero la realidad puede ser otra.

La migración suele producirse por una necesidad de supervivencia física, económica, política o emocional, pero en este capítulo me centraré, más concretamente en algunas de las dificultades que pueden ser necesarias enfrentar para tratar de construir un sentimiento de pertenencia e identidad en cada individuo migrante pensándolo desde el enfoque teórico del Psicoanálisis Vincular.

Independientemente de las razones por las que alguien migra, es posible imaginar desde un modo de ver idealizado que este acto quizás traería con él el deseo o disposición a aventurarse en algo nuevo y que esta novedad podría ser interpretada cómo algo interesante, estimulante, desafiante o incluso tranquilizador, pero en la realidad puede no ser exactamente así para la gran mayoría de las personas.

Lo que se observa es que hay múltiples posibilidades de reacción, no apenas positivas o negativas, pues la condición humana de vincularse y reaccionar frente a novedades o adversidades también es múltiple y compleja.

El hecho de haber migrado pone el sujeto con todo su arsenal de condiciones y dificultades individuales frente a demandas de nuevos vínculos o tipos de vínculos antes desconocidos, bien como a nuevas situaciones cotidianas de todo tipo de desafíos. Esto hace con que los vínculos que siempre exigen un trabajo para construirlos para los sujetos sean todavía más costosos que lo habitual, tanto para el sujeto migrante, cómo para aquel que esté en vínculo con él.

Dice Puget sobre este costo:

> *Vínculo en cuanto entidad exige un trabajo, tiene un costo, al cual he llamado el impuesto a pagar (Puget, 2010): se trata de un hacer algo que necesariamente descoloca de un posicionamiento narcisista a quienes habitan el vínculo. Pertenecer solo es posible en el contexto de la potencialidad del entre dos infranqueable: el de la diferencia radical, el del encuentro-desencuentro entre dos o más alteridades (otros) (Puget, 2015, p. 21).*

De esa forma, podemos pensar en una variedad de situaciones. Algunas de ellas, por ejemplo, pueden ser idealizadas, donde se puede imaginar que el migrar sería cómo un adentrar a un mundo por explorar y rico de posibilidades y descubrimientos o hasta aquellas en la que la migración se dio por razones en que, desde un principio, se tendría la intención de "volverse al país de origen lo antes posible" y, como consecuencia de ese deseo, puede que se haga lo posible para simular un estar en suelo extranjero "como si ni se hubiese migrado".

Para lograr esta ilusión se puede escoger mantener contactos apenas con grupos cerrados de otros migrantes y/o lanzar mano del uso de los medios informáticos (redes sociales, WhatsApp...) con los viejos amigos y la familia de origen, creando así, relaciones específicas y reducidas a grupos de semejantes o supuestamente semejantes, cómo forma de defenderse a una realidad temida o negada. De esta forma, se escogen y distinguen lo bueno de lo malo, lo peligroso, porque diferente de lo familiar y el juego de valores y moralidades queda restringido a una dicotomía simplista y preconcebida entre lo viejo/conocido/seguro y lo nuevo/no familiar/peligroso.

Es importante destacar que confrontarse con la novedad, lo diferente, nos hace percibir que, muchas veces, no estamos equipados para lidiar con la demanda que nos exige lo nuevo y principalmente lo diferente. A esto podemos sumar la necesidad de que se tenga que redefinir ciertas certezas y sentidos que antes podrían ser algún tipo de base a priori para la discriminación de lo bueno o malo, peligroso o reconfortante, posibilitando un estar en el mundo menos turbulento y seguro porque gran parte de las cuestiones cotidianas, podrían estar preestablecidas cómo seguras y familiares.

Una vez que se migra, por la razón o necesidad que sea, ya no hay vuelta atrás. El lugar al que se pertenece por nacimiento, independientemente de dónde se intente restablecer, acaba convirtiéndose en un lugar inestable, no fijo, poco claro e incómodo y, en consecuencia, a pesar de las múltiples posibilidades de reaccionar ante esta nueva realidad, por más que se intenten construir defensas emocionales, ya no existe un lugar estable, cómodo y seguro.

Percibir esto resulta en un malestar insoluble y al mismo tiempo trae con él una fantasía de sí se volviese al lugar de origen "todo estaría resuelto". Entretanto, esta posibilidad es algo que no resulta ser una solución, porque el lugar que se dejó ya no es el mismo para aquel qué migró, sus referencias de mundo y de formas de vincularse con otros sujetos mudaron, y además de eso, los parientes y amigos ya no los ven como antes.

Hay una película uruguaya llamada "Whisky" de 2004, con dirección de Juan Pablo Rebella y Pablo Stoll, que nos cuenta, entre otras cosas, cómo cada parte de una migración, o sea, el que se fue y el que quedó, son arrebatados por un malestar. El "coraje" del que migró, la "inacción" del que se quedó, crea una comparación constante entre ellos. Además de eso, es como si se estableciese una deuda constante e impagable con el que no migró, ya que tuvo que "quedarse" con la parte más pesada y triste, visto que el futuro y la esperanza "se fueron" con el migrante. Estos malentendidos hacen con que el vínculo quede lleno de ruidos que, tal vez, sean imposibles de ser traspuestos.

Mismo entre desconocidos, muchas veces se escuchan relatos de personas que cuando vuelven a su país de origen, por ejemplo, un español que vivió en Brasil y cuando retorna a España lo llaman de "latino", "cucaracha" de forma despreciativa y cuando estaba en Brasil era "gringo". Es decir, se adquiere un estatus de extranjero-intruso-permanente, independiente de donde se haya nacido o se esté viviendo, como si al migrar se hubiera cometido una traición o se estuviese contaminado por algo que ya no puede ser restituido a su estado original.

Sobre este aspecto nos dice Jean-Luc Nancy en su libro "El intruso":

> *Una vez que está ahí, si sigue siendo extranjero, y mientras siga siéndolo, en lugar de simplemente 'naturalizarse', su llegada no cesa: él sigue llegando y ella no deja de ser en*

> *algún aspecto una intrusión: es decir, carece de derecho y de familiaridad, de acostumbramiento. En vez de ser una molestia, es una perturbación en la intimidad (Nancy, 2006, p. 12).*

La posibilidad de "naturalizarse" a qué se refiere Nancy también es algo incierto e inestable. Puede que se consiga hablar el idioma perfectamente, se conozcan las costumbres y las comidas, pero el hecho de tener experiencias y vivencias de "otros mundos" en algún momento esta verdad salta, mismo cuando se intente, de forma no saludable, atacar sus propios recursos para "naturalizarse".

Como ejemplo, traigo la experiencia de una joven que era mayor de edad cuando migró de su país de origen para un país europeo con el idioma totalmente diferente al suyo. Allí consiguió un trabajo donde era fundamental hablar su lengua materna. En menos de diez años viviendo en ese país, ella ya no sabía hablar su lengua de origen sin tener un fuerte acento, simulando así, como si fuese una persona extranjera que había aprendido aquel idioma. En este periodo se casó con otro extranjero de otro país europeo, y entre ellos hablaban el idioma de él, es decir, ni su idioma, ni el del país en que ambos vivían.

Podrían haber creado un "dialecto único entre ellos" donde se mezclarían los dos o tres idiomas, o, quién sabe, establecer informalmente entre ellos, que para ciertas situaciones se usaría un idioma y para otras situaciones otro... Lo que observé es que era como si ella hubiese cortado todo vínculo emocional con su país de nacimiento y por eso no reconocía más su lengua materna como familiar y mucho menos conseguía usarla cómo referencia identitaria. Era como si hubiese escogido un idioma, entre todos los tres que hablaba, como mejor que otro, y en este caso, el suyo quedando relegado al del otro.

Visto desde el punto de vista de la adaptación, su acento en su lengua materna la hacía "más adaptada" al país en que vivía, pues parecía que era alguien intentando hablar un idioma diferente al suyo, pero dejaba expuesta la dificultad en mantener su identidad y sentido de pertenencia a su país de nacimiento en función de la migración, cuando regresaba a su país de origen.

Escoger una lengua, un país, unas costumbres o una educación a otra como mejor y superior es una forma recurrente entre las varias posibilidades de lidiar con las diferencias y novedades promovidas por el contacto con otra cultura. Éste es un tema interesante para profundizar, pues arrastra con él confusiones y dificultades a veces difíciles de transponer.

Una paciente norteamericana que vivía en una ciudad de los Estados Unidos me contactó para ayudarla a sentirse más próxima de su marido mexicano. Desde niña ella no se sentía próxima e integrada a su familia, la cual era norteamericana. Decía, en cambio, sentirse "a gusto" con el grupo de amigos de extranjeros, latinos de varios países diferentes, que era la red de conocidos de su marido y de la familia de él, que era mexicana.

Al contactarme, dijo buscar, en un análisis en español, con una psicoanalista extranjera y viviendo en otro país que el de ella, ayuda para sentirse de alguna forma integrada y perteneciente a su familia y al grupo donde se sentía bien. Era como si al querer una analista extranjera que viviese en otro país ella estuviese buscando alguien que pudiese sentir lo mismo que ella, es decir, estar totalmente descolocada de un lugar de pertenencia o desterrada de sus raíces y, al mismo tiempo, estuviese próxima a la cultura del marido, que ella pasó a idealizar como forma de refugiarse de su realidad emocional adversa.

En este caso, la idealización de un grupo afable y cálido estaba localizado en la cultura latina, la del marido, a pesar de haberse casado, conforme sus relatos, con una persona fría, racional y distante. Decía que el marido mal conversaba con ella y las hijas y viajaba constantemente. Podríamos decir que su relación con el marido era nada íntima, donde su círculo de relaciones más próximas eran las hijas y las amigas extranjeras, a pesar de que, dentro de este grupo, la trataban como si *ella* fuese la extranjera, la intrusa. Así mismo, insistía en encontrar una forma de ser sentida como semejante por los miembros de esa comunidad, pues solo así ella entendía que podría sentirse parte de él.

Es decir, la designación de extranjero o migrante era usada no para quien realmente había migrado a otro país, pero sí para quien no compartía los mismos sentidos, cultura y costumbres, que el grupo elegido por ella y por el propio grupo como el electo como referencia o "mejor". Este, entretanto, era un no-lugar.

Este tipo de lógica me hace recordar como los griegos antiguos designaban a todo aquel, que no era griego. Usaban "(...) El término bárbaro (βάρβαρος) que significaba 'no griego' y, consecuentemente, 'no-yo' (o 'no-nosotros') sea en un sentido neutro (no marcado) o en un sentido negativo (marcado), de la misma forma como la palabra brasileña 'gringo' que puede ser peyorativa o neutra" (Petropoulos, 2017, p. 3, traducción propria). Así lo que no entiendo, no reconozco como semejante, por ejemplo, el idioma, las costumbres, la cultura, queda caracterizado con un colorido despreciativo y consecuentemente es excluido.

Este ejemplo nos ayuda a aclarar el concepto de diferencia radical creado por el Psicoanálisis Vincular dentro de la Lógica del Dos. Lo define Puget (2015, p. 21):

> *El entre-dos, el de la diferencia radical, es imposible de anular y, lo que es más, se va extendiendo y va cobrando significados inesperados a medida que se intensifican los encuentros. (...) La diferencia a la cual llamo radical*

> *no corresponde a la lógica binaria, típica de la diferencia entre los sexos, entre bueno y malo, entre generaciones, entre mundo interno y mundo externo, entre masculino y femenino, todas diferencias que pueden complementarse al establecer la relación sobre la base de identificaciones mutuas. Se trata, en cambio, de una diferencia pensada en términos de la teoría de la complejidad, capaz de generar ideas, emociones y pensamientos inesperados. Aquí la semejanza es imposible. La diferencia crea espacios donde la diversidad adquiere cada vez más fuerza.*

Podemos decir que la experiencia de migrar coloca en un grado más intenso esta diferencia. Es decir, la diferencia radical, la alteridad de cada sujeto, queda resaltada debido a la evidente diferencia imposible de ser negada, porque la forma de ser, el modo de vestir, de hablar y pensar son evidentemente diferentes. Frente a esa involuntaria "transparencia" de quién se es y de su origen, el sujeto queda vulnerable en ser visto y cuestionado sobre una intimidad por cualquier otro que lo aborde o cuestione, independientemente a su deseo. Podemos pensar que, por vivenciar tal vulnerabilidad, es necesario que el migrante tenga un acto de coraje y en vez de activar defensas para intentar anular dicha "fragilidad", pueda intentar aceptar esta diferencia y lidiar con ella de forma en que se pueda crear algo nuevo y creativo en los vínculos.

Podría suponerse que cada miembro de un grupo, de una pareja o de una familia reaccionarían de manera similar porque pueden estar viviendo los mismos conflictos y desafíos, pero no es así como ocurre normalmente. Aunque haya el mismo "color" en la lectura del grupo, cada individuo coloreará la experiencia con sus propios matices, llevando en cuenta para ese matiz su subjetivación singular y su vivencia social en el contacto con el Otro que establecerá o no un vínculo dentro de una diversidad cultural.

Para el Psicoanálisis Vincular existen diferentes espacios de constitución subjetiva, que son el colectivo o social y el singular. El espacio de subjetivación singular está dentro de lo que denominamos la Lógica del Uno, espacio este al cual el psicoanálisis tradicional viene aportando conocimiento desde siempre. La subjetivación social, como el Psicoanálisis Vincular lo define, pertenece a la Lógica del Dos donde la complejidad vincular entra en juego. Dice Janine Puget: "Esta diferenciación permitió comenzar a abordar la complejidad de la subjetividad social en cuanto producción continua y modificar la visión del mapa psíquico" (Puget, 2015, p. 84).

Así, cada contexto de subjetivación, intra, inter y transubjetivo, tiene su producción y su especificidad, creando así, en cada sujeto, varias subjetivaciones que son diferentes y descontinuas entre ellas.

Como ejemplo de cómo para cada sujeto el "colorido" es diferente, recuerdo una pareja de jóvenes que migraron para un país en Europa y que me consultaron ya estando allí. Primero él migró solo por razones de trabajo y vivió allí por un año. Cuando, en unas vacaciones, regresó a su país, conversó con su novia (actual esposa) y le preguntó si deseaba irse a vivir con él y después casarse en el extranjero. Ella aceptó y se fueron a vivir a Europa. Cuando llegaron se casaron. Fue una ceremonia chica donde estuvieron presentes sus familiares y algunos "pocos amigos que él tenía allá", ella enfatiza.

Buscaron psicoterapia de pareja porque, a pesar de que cada uno hacia su propia terapia, los dos estaban sintiéndose sobrecargados con los malentendidos y exigencias que cada uno hacía al otro. Él se sentía vigilado y exigido por ella y al mismo tiempo ella se sentía "sin suelo" y sin seguridad en la relación de ellos.

Parecía subentendido que ella aceptó migrar con él porque prometió conseguirle un empleo en la misma empresa que la suya. Sin embargo, a pesar de estar trabajando en el empleo que él le consiguió, ahora ella tenía otro motivo para quejarse, el hecho de no sentir que los amigos y el trabajo le pertenecían. Dijo: "Es como si fuesen los amigos de él y no los míos. Lo mismo ocurre en el trabajo. No siento que los amigos y colegas del trabajo son amistades de verdad."

El marido le contesta que para él esas amistades no son iguales a las que tenía con los antiguos amigos de su país, que él también nunca había realmente sentido una amistad profunda, ni cuando él vivía solo, mucho menos en el trabajo, como si no se sintiese perteneciendo a aquel lugar, a aquel grupo. Confesó también que se "sentía algo más próximo a los amigos extranjeros, pero no se podía llamar de proximidad."

Por otro lado, ella también le exigía casarse en el país de ellos, pues solo así ella creía que se sentiría realmente casada. Además de eso, le reprochaba por no disfrutar de las mismas comodidades que ellos tenían antes de migrar, como un coche y una máquina de lavar platos. Él le explicaba que esa no era la actual realidad económica de ellos y que, además, no era necesario tener coche donde vivían. Por su parte, él le reprochaba que ella fuese más independiente. Dijo: "Ella tiene que hacer sus cosas y conseguir sus amigos y no depender nada más que de mí para todo lo que desea.".

En esta pareja se puede ver cómo el hecho de no sentirse integrada y perteneciendo a un lugar puede crear modos de vinculación de dependencia a un integrante de la familia y un rechazo ilógico a todo lo que sea diferente a lo familiar. Es frecuente que, en una pareja o familia, que uno de los integrantes sea escogido como responsable en resolver todo malestar causado por migrar. Los hijos que acusan al padre por haberlos llevado cuando chicos a otro país o, como en el caso de esta pareja, en que ella entiende que él tiene que estar constantemente junto a ella para que no se sienta dislocada donde quiera que esté, en su trabajo o con amigos. A final, fue el que quiso migrar, mismo que esa acusación sea todavía inconsciente para ambos.

Las críticas y las exigencias existían en consecuencia a otro malestar. El de no sentirse seguro de quién se es y de cómo relacionarse frente a demandas tan diversas a las que estaba adaptada en su cultura. Debemos considerar también el rechazo de los otros a ellos, pues la diferencia cultural crea dificultades y la necesidad de un trabajo vincular para ambas partes.

Nos recuerda Puget cuando habla de cómo es habitar y pertenecer a grupos:

> *Habitar espacios sociales nos pone en contacto con la frágil e inestable pertenencia social, así como con la perdida de la ilusión de alcanzar una identidad sólida o de que la meta sea esa. Los resultados son azarosos. (...) En los conjuntos conviven sujetos relacionados entre sí por semejanzas y, a veces, complementariedades, mediante las cuales se pretende iludir la fragilidad de la pertenencia (Puget, 2015, p. 87).*

Es decir, pertenecer a un grupo requiere un trabajo conjunto y constate, pues siempre existe el peligro de la pérdida de la fuerza de aquello que nos hace pertenecer.

Pertenecer a grupos cómo el del trabajo o de "amigos del marido" nos hace pensar que estos pueden estar definidos en términos estructurales y de identidad.

Sobre los grupos como la familia, las instituciones y la sociedad en general, dice Puget:

> *Concibe la existencia de lugares prefijados que están dispuestos para recibir a sus huéspedes. (...) Si bien los lugares tienen nombre, ocuparlos exige un movimiento activo que,*

> *de alguna manera, va modificando la manera de habitarlos. (...) cada sujeto dará su propria impronta al lugar designado, haciéndose cargo, a su manera, de los valores heredados y del funcionamiento del conjunto. En estos espacios, se delimitan fronteras, o, por lo menos, bordes, de los que surgen las categorías de no incluido, de incluido-excluido y de excluido-excepcional (Puget, 2015, p. 88).*

Pienso que, al migrante, al extranjero-intruso cabe el trabajo de "acomodarse" en un lugar nada cómodo e inestable, pero, desde otro punto de vista, trae con él un lugar potencial bastante creativo y enriquecedor, mismo que solitario y transitorio, pues usando su ajenidad consigue cuestionar y ampliar los modos de ver instituidos como únicos o posibles.

No es un trabajo fácil ni seguro, pues no se alcanza una identidad sólida y una pertenencia definitiva, pero respetando las varias subjetivaciones singulares y sociales adquiridas por el sujeto en sus diferentes vivencias en cada país (de nacimiento y el de permanencia) puede que se consiga una singularidad única que, tal vez, lo equipe para lidiar de forma creativa con las situaciones y desafíos de la vida.

Para finalizar, traigo una música que se llama Lluvia (雨季) y que fue escrita por el músico ecuatoriano Ren Kai (人凱). Él es hijo de madre ecuatoriana y padre chino y escribió esta música mezclando varios ritmos diferentes como Lo-fi, Bossa Nova y Trap (un subgénero del rap/hip-hop) y con una letra que va alternando el español y el chino. De esta forma hizo con que la multiplicidad de sus conocimientos y culturas convivan, sin que sea necesario que una anule a la otra o se distingan por un parámetro censurador de cualquier orden.

Intentar anular las diferencias entre los sujetos y las culturas para, como semejantes, poder estar más cómodos en un vínculo, es de una violencia extrema, pues anula toda base identitaria del sujeto, desterrándolo violentamente de su origen y de su verdad más profunda. Además de perderse la posibilidad de la extrema riqueza que trae soportando él malestar de la no definición. A final de cuentas: ¿De dónde eres? ¿Dónde te gusta más vivir?

Un conocido respondía a estas preguntas diciendo: ¡Yo soy del mundo, de ahí, del medio del océano!

## *Referencias*

Nancy, J. (2006). *El intruso*. Amorrortu.

Petropoulos, I. (2017). Desconstruindo o conceito de bárbaro com a ajuda de Kaváfis. *To Ελληνικό Βλέμμα - Revista de Estudos Helênicos da UERJ, n. 3*.

Puget, J. (2015). *Subjetivación discontinua y psicoanálisis – incertidumbre y certezas*. Lugar Editorial.

Kai, R. *Lluvia*, Música disponible en: https://youtu.be/309bde-8bmPY?feature=shared y en: https://www.instagram.com/reel/C2gX1HFOnxq/?igsh=MWJoMXN4eHQ4MzQ4cw==

*Whisky*, dirección de Juan Pablo Rebella y Pablo Stoll, Uruguay, 2004. Película disponible en: https://youtu.be/en4ZKbASn2o?feature=shared

# 9. La migración japonesa en Brasil: impactos generacionales y culturales

*Mary Yoko Okamoto y Maria Inês Assumpção Fernandes*

## *Introducción*

La migración japonesa a Brasil tuvo inicio en 1908, cuando llegaron los primeros japoneses al país, con el objetivo de permanecer temporalmente para una futura vuelta al país de origen, estimulados por una propaganda engañosa de rápido enriquecimiento. Sin embargo, este no sucedió y ante la derrota de Japón en la II Guerra Mundial, la vuelta fue totalmente imposible.

Cabe resaltar que el establecimiento de las familias de los migrantes japoneses en Brasil se produjo, principalmente, debido a la imposibilidad de retorno, una vez que estos migrantes partieron de Japón con esta pretensión y que, debido a las contingencias económicas e históricas no ocurrió (Okamoto, 2008). Entre los distintos factores, destacamos la imposibilidad de acumular recursos financieros tal como se anunciaba, razón por la que las familias decidieron migrar, mientras vivían un contexto de crisis económica y social en aquel país. Ante el sufrimiento y vicisitudes que marcaron la permanencia de las familias, es importante destacar la relevancia de la educación de los hijos al pretender volver a Japón y, la idealización del origen que impactaba a las generaciones de estas familias. Esta es una marca que atraviesa la constitución del grupo familiar y su conservación a lo largo del tiempo, y que involucra la importancia de la cultura de origen y el encuentro con el nuevo contexto, así como la transmisión psíquica generacional.

Por esto, la posibilidad de migrar a Japón, incluso transcurrido tanto tiempo desde la llegada de los primeros migrantes, presentó marcas significativas para las familias, dado que Japón siempre se cultivó en el imaginario de los descendientes de japoneses en Brasil.

En la década de los 80, el flujo se invierte y los descendientes, denominados nipo-brasileños o *nikkei*, iniciaron la migración hacia Japón, atraídos por los buenos salarios, con el objetivo de una permanencia temporal y la acumulación de recursos financieros, al igual que sus ascendientes cuando migraron a Brasil. Además, esa migración incluía una búsqueda de conocer la tierra de los ancestros, teniendo en cuenta que son descendientes directos de japoneses. No obstante, al llegar a Japón, se les considera extranjeros, a la vez que en Brasil son, comúnmente, llamados "japoneses", explicitando una crisis identitaria al llegar a aquel país. Este movimiento se llamó *dekasegi*, que significa "salir para trabajar y obtener dinero en otro lugar". (Shishito, 2012, p. 8), aunque para referirse a la migración de los *nikkeis*, asumió un sentido peyorativo – el trabajo de las 3 *K*: *kiken* (peligroso), *kitsui* (penoso) y *kitanai* (sucio).

## Migraciones y el impacto del encuentro entre culturas

El contexto migratorio impone el contacto entre culturas diversas, a través del inevitable contacto entre los migrantes y la población local. Esa proximidad puede generar el enfrentamiento entre las diferentes culturas, lo que puede provocar la interpretación, por parte de la población de destino, de que los migrantes son personas peligrosas, ocasionando, en general, situaciones excluyentes, permeadas por los prejuicios raciales, más o menos explícitas.

Refiriéndose a la amenaza causada por la presencia de los migrantes, Bauman (2017) considera que la población local tiende a considerarlos extraños, simplemente porque son diferentes y, por esto, imprevisibles, al contrario del aparente sentimiento de proximidad y conocimiento desarrollados con relación a las personas con quienes interactuamos cotidianamente. El autor señala, también, que el clima de desconfianza y miedo causado por la presencia de estos "extraños", se da porque ellos "nos recuerdan, de modo irritante, exasperante y aterrador, la (¿incurable?) vulnerabilidad de nuestra propia posición y la endémica fragilidad de nuestro bienestar arduamente conquistado" (Bauman, 2017, p. 21).

Destacamos la importancia del estudio y la comprensión de la cultura, al igual que la diferencia cultural en esta investigación, cuyo estudio trata sobre un movimiento migratorio. Utilizamos el concepto de diferencia cultural presentado por Kaës (2012), el cual se enfoca en las cuestiones que constituyen tal diferencia y nos posibilita comprender esta cuestión en el intrincado tema del cual nos ocupamos.

El autor alude a la existencia, en la teoría psicoanalítica, de tres dimensiones psíquicas implicadas en tres modalidades de la diferencia, siendo que cada una se constituye con base en una oposición. La primera diferencia es la oposición humano-no humano, marcando la distinción entre humanos, animales y cosas; dado que el acceso a tal oposición organiza las identificaciones del sujeto al humano, diferenciándolo de las demás categorías apuntadas.

La segunda diferencia es de orden entre los sexos y la diferencia generacional. Para el psicoanálisis, tal diferencia es fundamental para la organización de la vida psíquica, ya que considera que la diferencia entre sexos organiza la relación del sujeto con la falta de función fálica; mientras la diferencia generacional introduce la expresión de preceder y suceder en el orden del deseo y también del tiempo, confrontando al sujeto con la imposibilidad de retorno a su origen y génesis, además de demarcar su existencia señalada por la muerte.

Por último, el autor propone una tercera diferencia, que sería la diferencia cultural, la cual se organiza basándose en las diferencias impuestas en el orden de las afiliaciones sociales y culturales, introduciendo a los sujetos a sus puntos de referencia identificatorios, es decir, a la identidad compartida, las alianzas psíquicas necesarias para la organización de la vida en común y compartida. Además, remite a las renuncias exigidas por cada cultura para la fundación de su orden simbólico y, por tanto, el mantenimiento de las uniones y grupos fundados.

Considerando esta modalidad de diferencia, es importante apuntar que la afirmación cultural presupone el reconocimiento simultáneo de un "nosotros" y con esto, permitir anular cualquier laguna que pueda existir en "nosotros" y que podría colocar en riesgo la importancia de la integración y de la unidad narcisista conferida a través de los espacios y formaciones psíquicas comunes y compartidas.

De este modo, para el autor, la cultura sería la responsable de abrir el acceso a las dos primeras diferencias, es decir, introduce al sujeto en el orden de las diferencias, sobre todo en aquellas relacionadas con el sexo y a las distintas generaciones, considerando inicialmente que la cultura es transmitida, adquirida e integrada a través de lo que se establece en los vínculos primarios, en los cuales se definen los marcadores de identificación y de representación. Además, la cultura inserta al sujeto en las relaciones definidas en un conjunto dado, incluyendo las relativas a los sexos y a las generaciones. Por tanto, es a través de la cultura que se accede a las designaciones del sujeto con relación a los sexos, al orden de las filiaciones y afiliaciones sociales y culturales.

Se desprende que la cultura funciona como apoyo para importantes funciones psíquicas, sustentando el acceso a la simbolización y a las cadenas de representación, a partir de las cuales el sujeto es introducido en un conjunto que confiere identidad y pertenencia, garantizando el mantenimiento y la conservación de los grupos primarios y secundarios.

> *La cultura mantiene la base indiferenciada de las formaciones psíquicas para el compromiso en los lazos de pertenencia a un grupo social; constituye los puntos de referencia identificatorios y diferenciadores garantizados por la continuidad de las diferencias entre los sexos, las generaciones y los grupos; provee un conjunto de defensas comunes, principalmente contra la soledad, "el miedo de quedarse solo en la oscuridad" y de perder el objeto; finalmente, constituye un área de transformación psíquica gracias a la predisposición de significantes, representaciones y métodos de procesamiento de la realidad psíquica. En la estructuración de sistemas de vínculo, provee una modalidad de organización específica, al lado de las organizaciones psíquicas inconscientes (Kaës, 2012, p. 47, traducción propia).*

De esta manera, el encuentro entre culturas o intercultural puede ser violento, justamente porque coloca en juego las identidades de los sujetos involucrados, y los confronta con las figuras de lo arcaico y de lo reprimido, y con esto, moviliza y coloca en acción las formaciones de los vínculos y de la cultura de los sujetos envueltos, lo que, en cierta medida, expone las diferencias culturales existentes, así como los sistemas de defensa contra la ansiedad. Así, el encuentro suscita y moviliza movimientos regresivos más o menos profundos, cuya reacción puesta en acción puede expresarse a través de tentativas de regresión a estados narcisistas primarios, justamente porque puede movilizar aquellos contenidos más indiferenciados de los sujetos, teniendo como resultado el establecimiento de vínculos fusionados o sincréticos.

El estudio que envuelve movimientos migratorios está relacionado con la comprensión e importancia de la cultura, considerando que la situación de migración impone la separación del lugar de origen constituido por el contexto y ambiente cultural conocido y reconocido por una comunidad para el acceso a otro lugar, denominado de destino, desconocido y al cual el migrante no tiene el acceso a los códigos y herramientas sociales que lo caracterizan.

Considerando los relatos de la experiencia de desapropiación y la exigencia de apropiación de un universo nuevo y desconocido, el concepto de cultura presentado por Kaës (2012), considerado por el autor como un conjunto de dispositivos de representaciones simbólicas que confieren significados e identidad, funciona, por tanto, como organizador de la permanencia del conjunto humano, a través de los procesos de transmisión y transformación. Para el autor, tal dispositivo es esencial tanto para la construcción del propio universo cultural como para la constitución del sujeto singular y del conjunto intersubjetivo insertado en este universo.

Correa (2012) establece que cada cultura define cuestiones que funcionan como organizadores de la vida y envuelven aspectos que definen los hábitos alimenticios, los límites de contacto o distancia corporal, además de los tabús sexuales y las modalidades gestuales y de expresión corporal (Correa, 2012).

Kaës (2012) señala que, además de tales procesos conocidos y reconocidos, compartidos por una comunidad, la cultura define incluso aquello que no es, es decir, lo extranjero, ya que la diferencia se constituye en su componente esencial, porque define lo que no pertenece a ese ambiente cultural, marcando indeleblemente lo extranjero. Así, para el autor, la diferencia marca el centro de la formación cultural, siendo su componente esencial, demarcando aquellos que pertenecen y los otros, es decir, aquellos que no pertenecen a tal universo simbólico construido conjuntamente por aquellos que lo componen.

En este sentido, la consistencia de la noción de la diferencia cultural se acciona ante la constatación del "nosotros", y en su esencia, el extranjero representa aquello que es hostil o malo, es decir, genera un sentimiento que coloca en riesgo la identidad de los sujetos reunidos en una comunidad, la cual posee identificaciones, representaciones y significados comunes. El conjunto así constituido como "nosotros" se funda y se mantiene unido a través de los mitos, rituales, costumbres y sus usos que organizan un conjunto de referencias identificatorias que sustentan la pertenencia a este tejido grupal.

Kaës (2012) afirma que la realidad psíquica que compone el área cultural solo existe con la finalidad de ser compartida, siendo que, para los sujetos singulares, la composición cultural y sus objetos completan una estructura bifásica que presupone las investiduras narcisistas y de objeto.

Con relación al establecimiento de los vínculos, la cultura es responsable en proporcionar las modalidades organizadoras propias a los grupos y se relaciona con el establecimiento de las alianzas inconscientes, proceso esencial que engendra la estructura psíquica de la experiencia cultural, constituida por las vivencias validadas en las diversas maneras de unión y agrupamiento. Por eso, el contrato narcisista desarrollado por Aulagnier (1975) es fundamental para la garantía del mantenimiento de la continuidad de las investiduras designadas para cada sujeto del conjunto del cual él forma parte. Además de esto, otro concepto fundamental se refiere al pacto denegativo (Kaës, 2014), que establece el trabajo de la negación o de la represión necesario para la formación del vínculo intersubjetivo basado en los contratos y pactos necesarios para el establecimiento de las alianzas inconscientes y los efectos que producen en el establecimiento de las identificaciones, en el acceso a la palabra y en la transmisión psíquica.

Solo es posible entrar en contacto con la dimensión de la diferencia cultural como marca de las características odiosas y peligrosas a través del contacto y el test con el mundo exterior, que se dan, inicialmente, en las experiencias de salida de la familia y de entrada en los grupos de afiliaciones sociales, como la escuela e instituciones. Cuando el niño se enfrenta con la experiencia denominada por S. Freud (1929) de narcisismo de las pequeñas diferencias, cuya función es la de reforzar la identidad por medio de la protección de sí mismo y del grupo, es decir, exactamente de aquello que en el contacto con el otro es amenazador y desconocido, pero, al mismo tiempo atrayente.

Así, a partir de esta experiencia de salida del ambiente común y conocido proporcionado por la familia, se le solicita al niño poner en marcha otros comportamientos y pensamientos, otros modelos de conducta, de objetos de identificación y de satisfacción y, con eso, se encuentra con el conflicto recurrente de la posibilidad de continuidad o discontinuidad con relación a los contenidos que recibió en su familia y formaron parte de su constitución subjetiva.

Como base en esto, Corrêa (2012) señala que la identidad reposa en los variados grupos de pertenencia, siendo que el apoyo recibido por esos grupos es de mayor o menor intensidad, dependiendo del contexto sociocultural y de la fase de desarrollo psicoafectivo. La combinación de todas esas variables obtenidas de los diversos grupos define la singularidad y la pluralidad de nuestra identidad. Por eso, la visión del otro como alteridad es fundamental porque posibilita la ocupación de un lugar definido en un grupo o red intergeneracional.

Otra cuestión que los procesos de migración exponen se refiere a la identidad y sufrimiento, que Kaës (2005, 2012) la define no solo como un mero resultado de las identificaciones. Al contrario, es construida a través de dos caminos conjuntos que, aunque distintos, están articulados.

El primero de ellos se constituye a partir de representaciones y declaraciones fundamentales específicas de un conjunto humano y funcionan como puntos de apoyo de certezas y creencias primarias, de las cuales los mitos constituyen las formas más generales. Tales contenidos sustentan "en los sujetos de este conjunto los entredichos, las certezas y las creencias de las cuales los contratos colectivos y los mitos son las garantías" se efectúan a través del establecimiento de los "enunciados de certeza" (Kaës, 2005, p. 64), postulados en el contrato narcisista presentado por P. Aulagnier.

La segunda vía se constituye a través de las representaciones enviadas a los sujetos por los grupos exteriores o sociales, que operan como una confirmación identitaria, considerando que estas auxilian en el establecimiento de la diferenciación dentro-fuera, garantizando el mantenimiento del narcisismo de las pequeñas diferencias y así, se aseguran la identidad a través de la producción del "efecto espejo" (Kaës, 2012, p.16). Por lo tanto, para el autor, la identidad se constituye y se define desde el interior de los grupos de pertenencia y a partir de lo que es reenviado desde fuera, por los otros.

> *Existe una distancia entre nuestra identidad, tal como definida, parcialmente, en el conjunto en el cual nos identificamos (y que nos reconoce como uno de sus miembros) y la representación que los otros tienen de nosotros y de nuestro grupo. Vivir esa distancia es un problema, el problema del encuentro intersocial e intercultural (Kaës, 2005, p. 64).*

Otra característica importante relativa a la noción de identidad apunta para su dimensión dinámica y progresiva, siendo atravesada por crisis y modificaciones a lo largo del ciclo vital. En este sentido, delante de los cambios desencadenados por situaciones de adversidad, cada cultura posibilita nuevas referencias de identificación, a partir de la movilización de diversas identificaciones al nivel del ego y del superego.

En situaciones migratorias existe el riesgo de inconsistencias de las representaciones identitarias, ya sea por falta de sustentación y mantenimiento ofrecido por los contratos o debido a la desvalorización o supervalorización de alteridades externas por el grupo. El propio Kaës (2005, 2012) señala el riesgo del sufrimiento identitario en jóvenes de 2.ª generación de migrantes, en las cuales las representaciones e identificaciones funcionan de manera sobrepuesta, contradictorias y fragmentadas. Correa (2012) apunta que el sufrimiento puede ser resultante de conflictos de identificación que se producen de las referencias contradictorias de los diferentes grupos de pertenencia, teniendo en cuenta que los hijos de migrantes están firmemente vinculados a la familia y su origen, aunque, desenvuelve vínculos con otros grupos, incluidas las instituciones escolares, colocando en riesgo una buena integración de constitución identitaria.

La referencia a un sufrimiento identitario se da, sobre todo, debido a la importancia de la cultura para la constitución psíquica del sujeto y su pertenencia a una comunidad de la cual recibe contenidos que lo preceden, por tanto, se trata de un contenido transmitido y heredado, adquirido e introyectado. Es a través de los dispositivos establecidos por medio de la cultura, que el sujeto singular tiene acceso a los sistemas de representación y a los marcos identificatorios que dan acceso a la simbolización, proveyendo los instrumentos que permiten acceder al sistema de significados. Por eso, el acceso a la lengua es uno de los aspectos fundamentales, considerando que cada grupo posee sus códigos de lenguaje verbal establecidos de acuerdo con su sonoridad, entonación y sílabas que remiten al encuentro primitivo con la madre y con el grupo primario, objetos que proveen el ingreso tanto a las palabras como a sus significados.

Con esto, la lengua posee un valor que remite al reconocimiento de los trazos en común y que, consecuentemente, distinguen a los extranjeros, o sea, aquellos que no pertenecen al agrupamiento.

El no tener acceso a la lengua de origen genera un sufrimiento a causa de no haberla hablado y oído, esto es, la falta en decir y entender lo que lo que se le dice en la lengua del otro, ya sea en un vínculo de amor u odio. Como consecuencia, otro sufrimiento sería la pérdida de la lengua materna por haber aprendido otra distinta, lo que coloca en juego todo el proceso de investiduras narcisistas en el vínculo parento-filial. Sea como sea, la falta en la lengua remite a un temor de dejar de ser reconocido como miembro de una colectividad y por las personas consideradas como integrantes de su grupo de pertenencia (Kaës, 2012).

Además, el sufrimiento derivado de la pérdida de la cultura y de la lengua apunta la posibilidad de una ruptura de la continuidad del encuentro generacional. En lo referente a los padres, puede generar un sufrimiento como consecuencia de una supuesta incapacidad para ofrecer el arsenal simbólico necesario para que los hijos fueran capaces de establecer relaciones satisfactorias con la nueva comunidad – la extranjera.

La experiencia migratoria da como resultado la privación de la pertenencia y del origen, y confronta los sujetos con las ansiedades primitivas ante la presencia incómoda de los otros extraños, lo que activa los mecanismos de defensa para la protección frente a tal sufrimiento, colocando en acción la utilización repetitiva de las referencias culturales propias y que remiten al origen o, al contrario, al abandono de tales referencias en la búsqueda de mezclarse con los extraños como un modo de librarse de esas ansiedades. Por otro lado, la ausencia o la pérdida de una base cultural común restringe los procesos de identificación, desordena los distintos vínculos habituales del grupo, ocasionando la aceleración de ciertos mecanismos defensivos, sobre todo, relacionados con ansiedades.

## *Método*

Se efectuó una investigación cualitativa, con el propósito de conocer a fondo las vivencias individuales o colectivas estudiadas, para entender las significaciones atribuidas, en la tentativa de dar sentido o interpretar fenómenos a través de las significaciones que las personas atribuyen (Denzin & Lincoln, 2005).

Para alcanzar los objetivos de la investigación, elegimos el estudio de casos múltiples, definido por Stake (2005) como una estrategia de investigación, la cual busca comprender con profundidad como un determinado fenómeno ocurre. En esa modalidad, la estrategia se concentra en el conocimiento experimental del caso, dedicando atención también a las influencias del contexto social, político, económico, entre otros, que lo envuelven.

La muestra fue del tipo intencional (Turato, 2003). Esto significa que el investigador determinó los individuos que compusieron la muestra de acuerdo con los criterios establecidos, por medio de bola de nieve, a partir de una primera indicación de contactos de la investigadora. El público objetivo de esta investigación estuvo formado por cuatro familias nipo-brasileñas, con y sin miembros que habían trabajado como migrantes en Japón. El criterio de inclusión fue la existencia de por lo menos dos generaciones que aceptasen participar de la entrevista para este artículo.

A continuación, presentamos el material de una de las familias.

## *Participantes*

La familia denominada Yamá está compuesta por Marta (madre), con 56 años y de segunda generación. Sus hijos Roberto (33 años), casado y con una hija de 2 años, y Yume (35 años), casada y con un hijo de 5 años. Marta trabajó en Japón durante 6 meses y sus hijos conocieron el país a través de la participación en un proyecto de intercambio de corta duración. La familia reside en una ciudad de tamaño medio de la región oeste del estado de São Paulo, con un expresivo número de descendientes nipo-brasileños.

## *Instrumento*

Se llevaron a cabo entrevistas semidirigidas individuales, con una duración media de 1h20m. Las entrevistas se realizaron de manera remota, a través de Google Meet, fueron grabadas y transcritas de manera íntegra. El guion estaba compuesto por cuestiones que investigaban la migración desde Japón a Brasil, la educación de los hijos a través de las generaciones, y la adaptación a Brasil, los aspectos culturales, la transmisión psíquica entre las generaciones y las cuestiones identitarias.

## *Procedimientos*

El proyecto fue sometido y aprobado por el Comité de Ética en Pesquisa (CEP), sobre el protocolo CAAE n. 20386619.3.0000.5401. Todos los participantes firmaron el Término de Consentimiento Libre e Informado, en dos vías, en el cual está contemplado: la participación voluntaria, la garantía de la privacidad, los riegos de la investigación, así como sus objetivos. Los datos se analizaron a través de la propuesta de Yin (2001), que consiste en el examen, categorización, clasificación o incluso la recombinación de las evidencias conformes las proposiciones iniciales del estudio. La base teórica utilizada fue el Psicoanálisis de Pareja y Familia.

## *Análisis y discusión de los resultados*

Sufrimiento familiar y rupturas resultantes de la venida de la familia a Brasil: encuentro entre culturas

La principal característica de la migración japonesa en Brasil fue el carácter temporal de la permanencia en el país, y la vuelta a Japón tras el enriquecimiento motivador del desplazamiento.

> Y MI padre contaba que vino de barco, dice que estuvo noventa días dentro del barco y bajó en São Paulo, dice que sufrió mucho (...). Y después, eh, para ir a hacer la compra porque ellos no sabían hablar, no entendían el portugués, ¿eh? Entonces lo hacía con gestos cuando quería comprar producto, algún elemento, dice que hacía gesto para conseguir comprar. Y después hablaron de que, es, se quedaba un año y que en Brasil tenía árbol que daba dinero. Ahí trabajaba un año y dice que ya volvía para Japón. (...) Ah, mi padre, mis, hablaba: ah, prometieron que cuando llegaran iba a ganar dinero, dice que llevaría de vuelta para Japón y que no tenía condición, porque todo se quedó en una ilusión porque nunca pudo volver, ¿eh? (...) Primero porque no ganó el dinero, ¿eh? Aquel dinero que le prometieron que iba a ganar. No, no tuvo, no tuvo condición financiera de volver (Marta).

Las rupturas consecuentes de la salida del país de origen y las exigencias psíquicas que pesan sobre la llegada y la apropiación de los referentes del país de recepción afectan al tejido grupal familiar, ya que involucra el sentimiento de pérdida de las raíces con el origen y la fragilización del sentimiento de pertenencia y, en consecuencia, identitario.

Las familias atravesadas por una migración están impactadas con sentimientos que implican la pérdida de la ilusión de seguridad, rotos con el movimiento de pérdida de su lugar de origen y de referencia simbólica, ocasionando conflictos derivados de una fragilización del equilibrio psíquico proporcionado y acuñado a través de los vínculos, como consecuencia de las importantes rupturas vinculares con los diversos grupos de pertenencia, como el familiar, profesional, escolar, social.

> PORQUE GOHAN (arroz) tampoco tenía gohan suficiente, ¿eh? Así, es, extrañaron mucho así en la comida. Ellos no conocían lo que era el frijol y tenía que comer frijol porque es lo único que tenía, ¿eh? Eh, y arroz tampoco era arroz tipo así de nihonjin (japonés), ¿eh? Era arroz suelto, entonces le parecía muy mala aquella comida, sufrieron mucho, ¿eh? (...) cuando, cuando ellos vinieron, cuando vivían en la hacienda, que a ellos les parecía raro, ¿eh? Todo el comportamiento de ellos (brasileños). No se quejaba (de Brasil), pero siempre quería, mostraba, es que quería volver a Japón (...) Hablaba siempre. (Marta)

Correa (2013) recuerda que el contacto inaugural de los *infans* con la cultura se da a través de la intermediación de la familia, grupo primario básico, cuya función es otorgar los significados del universo simbólico que lo rodean. La autora destaca la magnitud del temor de la pérdida de las referencias de pertenencia que se revela en las tentativas de prolongación o mantenimiento de aquello que es familiar y conocido, y que puede dificultar el descubrimiento de nuevas posibilidades de expansión, sin que necesariamente desemboque en una pérdida de sus raíces. La familia de Marta funcionaba con los moldes de una familia japonesa, basada en hábitos como la lengua y la alimentación; y valores como el respeto a la jerarquía y autoridad, obediencia, humildad, esfuerzo y trabajo.

> MI MADRE no sabía hablar portugués, ¿eh? Y nosotros tampoco, como vivíamos junto con mí, mis padres solo hablando en japonés, entonces así quedamos más, es, tipo cuando habla en portugués tiene mucho acento, ¿eh? (...) Solo el japonés (en casa). Aprendí (el portugués) un poquito en la escuela con los amigos, ¿eh? (...) En casa no, batian (abuela) también solo hablaba nihongo (japonés). Después que él (el abuelo) tuvo, que tuvo verdulería, ahí dio para él espabilarse un poquito y hacer negocio, ¿eh?, él se buscaba la vida ¿eh? (...) Es mi padre hasta que

> hablaba bien porque él tenía que trabajar en el campo y tenía bastante, así, hombres como camaradas, ¿eh?, que hablaba, ¿eh? (Marta)

La familia vivía en un contexto rural y como hija de emigrantes, se educó en la escuela de lengua japonesa y en la escuela brasileña; y esta preocupación era bastante habitual entre las familias, sobre todo, debido al mantenimiento cultural con el país de origen.

> Es, PORQUE tenía en el municipio de [omitido], tenía una escuela de (japonés). Ese tenía una familia que había venido de Japón, eran los padres, padre y madre e hijo. (...) Entonces, él enseñaba prácticamente la, la educación de la, del, del Nihon (Japón), ¿sabe? Frecuenté hasta es (...), faltaba una aquí para mi terminar, ah, primero, ¿sí? (...) Todos los días hasta, de las ocho hasta el mediodía era nihongakko (escuela de lengua japonesa), y de la una hasta allá para las cuatro, cuatro y poco, (...) tenía otra escuela que era de portugués, era una pareja que enseñaba, ¿eh? Enseñaba a los niños que vivían allí en las haciendas cercanas. Todo mundo, todo mundo escribía, ¿eh?

Correa (2013) apunta que el proceso desde la llegada y la permanencia en el nuevo lugar es considerado una larga "travesía", sin un tiempo fijo o un punto de llegada, y esto nos da la dimensión del grado de sufrimiento a consecuencia de la fragilización de los marcos identitarios que provocan el desplazamiento narcisista, ya sea a través de la retracción de las investiduras o la supercompensación defensiva, características de la ruptura de los vínculos intra e intersubjetivos.

El contexto de amenaza de rupturas identitarias puede dar como resultado la desorganización de las funciones de la familia, entre las cuales destacamos, debido al tema presentado, la transmisión de la cultura y del patrimonio simbólico permeado por la construcción del sentimiento de pertenencia e identidad, baliza de la transmisión psíquica generacional. Los síntomas de la mayor integración y autonomía de los hijos en la nueva cultura amenazan las alianzas establecidas y pueden reavivar las amenazas detonadas con la migración, como la pérdida del mito de origen y la amenaza de la pérdida narcisista del conjunto familiar unido a través de los vínculos intersubjetivos establecidos y sustentados por las alianzas inconscientes.

Es visible que en todas las generaciones de la familia Yamá, la presencia de las asociaciones nipo-brasileñas fue un aspecto importante de mantenimiento identitario y funcionó como un espacio que garantizaba la ilusión grupal de que los migrantes y sus descendientes formaban parte de un mismo grupo y compartían las mismas características. Okamoto (2008) demostró el importante papel desempeñado por estas asociaciones en lo relacionado con la preservación y transmisión de la cultura de origen, amenazados debido a la migración.

> (...) ALLÍ en la hacienda, de encuentro así, (...) tenía Kaikan (asociación nipo-brasileña) sí, y se unían bastante. ¡Vaya!, hum, los buenos recuerdos que yo tengo de la, del, de mi infancia son esos de ahí, ¿eh? Había, entonces, había tipo undokai (gincana). (...), ¡Vaya!, era muy bueno. Incluso cuando tenía así torneo regional, entrenábamos carrera, muucho de deporte, ¿eh? (...) Solo había japoneses. El deporte que fue atletismo, eh. (...) Ahí mi senséi fue que nos obligaba a participar. Es prácticamente, automáticamente, todos, todos los niños participaban. (...) sí, (momento) de conocimiento, de hacer más amistades con otras regiones, ¿eh) (Marta)

Como la pareja frecuentó las asociaciones desde la infancia, ocurrió lo mismo con sus hijos, que eran llevados por los padres y participaban de las actividades de ese gremio desde la infancia.

> En realidad, entramos porque mis padres nos obligaban ¿eh? Obligaban así, porque era pequeño y no tenían dónde dejarme. Entonces nos llevaba junto, ¿eh? Entonces es el ambiente que nosotros crecimos, que nosotros conocemos. (...) Entonces, mis padres iban a kaikan (asociación nipo-brasileña), ¿eh? Yo, iba junto, ¿eh? Entonces, acabé, creo que, familiarizándome también más con todo, ¿eh? Con la cultura, con la manera de los nihonjins (japoneses) (Roberto).

De esta manera, la asociación se constituye como el espacio de la continuidad del ambiente familiar, y en el cual se daban los encuentros sociales, contribuyendo para la constitución identitaria, conforme es señalada por Kaës (2005, 2012).

> Desde pequeño así, para nosotros, para mí, por mi hermano ¿eh? Por mis padres, así, era nuestra segunda casa, ¿eh? (...). Entonces para mí, así eran los fines de semana, durante la semana también es, era para allí que íbamos, entonces era nuestro, entre comillas, nuestro paseo, ¿eh?, era donde sucedían las, las actividades fuera de la escuela, ¿eh? Todo. (...) Ah, yo creo que, en realidad, creo que complementa lo que veíamos dentro de casa, ¿eh? Tal vez con un poco más de intensidad, principalmente eso de ayudar al otro, ¿eh? De respetar a los más viejos, y de disciplina, compromiso, ¿eh? Eso creo que, es, yo creo que, por convivir con otras personas, ¿eh? fuera del núcleo, eh, familiar así, yo creo que eso lo reforzó más, ¿eh? Porque hacía parte de nuestra rutina, ¿eh? Y, estar en él, yo creo que medio lo fijó, ¿está viendo? (Yume)

En este aspecto, destacamos la dimensión paradójica asumida por las asociaciones en la vida de los descendientes nipo-brasileños. Si inicialmente se constituye como el *locus* que garantiza el mantenimiento cultural y, por tanto, identitario, por otro lado, promueve el distanciamiento de los *nikkeis* respecto a la población local, y eso no se da apenas con la segunda generación, sino que permanece hasta los días actuales, principalmente para los descendientes que participan activamente de esos grupos. De esta manera, los relatos indican que fue a través de esas reuniones que se constituyó el narcisismo de las pequeñas diferencias, y se estableció el "nosotros" japonés en detrimento de los "otros" brasileños.

> UMMM, LO siento mucho y después tenemos dificultades. Ahora no tanto, pero yo tenía mucha dificultad para asociar con quien que no sea, hum (brasileños). Porque cuando yo estudiaba en el primario también era solo nihonjin (japonés), solo había dos brasileños, hasta porque la colonia ella era grande antiguamente, era muy grande, ¿eh? Entonces casi no se veía, entonces solo había dos y hablábamos entre amigas así, yo hablaba en japonés. Era prácticamente solo entre japoneses así.

> EL SENTIMIENTO de extrañamiento y la dificultad en las relaciones con los brasileños está más acentuado en Roberto que en Yume, y es semejante al que ha relatado (Marta).

> CUANDO YO salía de este, de este mí, de este ambiente aquí que yo vivo, eh, que es los kaikans (asociaciones nipo-brasileñas) (...) yo siempre me sentí un extraño, ¿eh? Ahí, allá en Japón, en cualquier lugar que yo iba, era... yo me sentía bienvenido, me sentía a gusto, ¿sí? (Roberto)

## *La cuestión identitaria: entre Japón y Brasil*

Es interesante comentar que Roberto y Yume tuvieron contacto con Japón gracias a un intercambio de corta duración y, ante este encuentro con el lugar de origen de la familia, las repercusiones fueron diferentes entre los hermanos. Marta, igualmente, trabajó cerca de 6 meses en Japón, y aunque todos relataron la emoción de conocer la tierra de origen de sus antepasados, se percibía que, en términos identitarios, las consecuencias habían sido distintas.

A lo largo de las entrevistas fue posible percibir la intensidad del sufrimiento de amenaza y de inconsistencia de las representaciones identitarias que impregnan la vida familiar, lo que puede ocasionar a los hijos el dilema de enfrentarse con la "elección de fidelidades culturales e identificaciones" (Correa, 2013, p. 148), demostrando que la posibilidad de una doble pertenencia tendría como significado una traición a los orígenes y tradiciones de la familia, poniendo en riesgo el contrato narcisista.

De entre las fallas resultantes, nombraremos las dificultades de la identidad, de las perturbaciones del pensamiento, la sumisión a ideales arcaicos, entre otras citadas por el autor. Las crisis identitarias reveladas en este estudio, corroboran lo que Kaës (2005) señala con relación a la doble dimensión de constitución identitaria, en la cual una vía se establece a través de las representaciones de enunciados fundamentales definidos en las alianzas inconscientes. Por otro lado, es necesario que los grupos de pertenencia reenvíen representaciones que funcionarán como una especie de reflejo necesario para la afirmación identitaria. En suma, en la familia Yamá todavía prevalecen las representaciones identitarias fundamentadas en la tradición y costumbres japonesas y con eso, resulta una supervalorización de los grupos con un origen en común, en detrimento de los extranjeros.

Para garantizar la organización y mantenimiento de los vínculos familiares, y la continuidad de los beneficios y esfuerzos necesarios para la permanencia de los ideales establecidos en el grupo familiar, fue necesario establecer alianzas inconscientes, contraídas en los vínculos intersubjetivos y en los espacios transubjetivos y responsables por la unión entre los miembros de las familias y la comunidad.

Desde el punto de visto de los vínculos familiares, las alianzas son contraídas en el eje diacrónico y garantizan que cada miembro nuevo de la familia tenga un lugar establecido y ofrecido por las generaciones que lo precedieron, una vez que sus contenidos, estructuras y formas son transmitidos psíquicamente en el eje vertical, es decir, genealógico (Fernandes, 2022). De esta manera, el sujeto ocupa su lugar de heredero de las generaciones pasadas, como se afirma en la propuesta de contrato narcisista.

El *infans* llega al mundo dotado de investiduras narcisistas asumidos por el narcisismo de los padres y, en contrapartida a ese beneficio recibido, ofrece su contribución para el mantenimiento del grupo. Más allá de esto, Kaës (2014) señala a la madre como mandataria y avalista, designada por el grupo como su representante.

De hecho, fue posible localizar la importancia del contrato narcisista en las entrevistas realizadas, en cuanto poseedor del discurso del mito fundador, que incluye los ideales y valores del grupo.

Aparte del contrato narcisista establecido en el grupo primario, este puede establecerse a través de los grupos secundarios en una relación de continuidad, complementariedad o incluso de oposición a lo que está establecido en el grupo primario, ya que el contacto con los nuevos grupos puede dar como resultado la reactivación del conflicto referente a la sujeción narcisista del sujeto al grupo, provocando la reelaboración de los términos.

En este sentido, las asociaciones promovieron y garantizaron el mantenimiento de los grupos familiares y del grupo étnico, y desempeñaron junto a las familias, la función de mantenimiento y continuidad del contrato narcisista por medio de los dispositivos educacionales organizados por los propios migrantes y, de ese modo, se constituyeron como un grupo intermediario que favoreció la conexión entre las familias y sus miembros, que pudieron mantener la homogeneidad étnica unida al mito de origen.

Llama la atención aquí una paradoja: la defensa contra la angustia del desmantelamiento y pérdida del grupo de referencia identitarias fue garantizada a través de la permanencia en la diferencia que se extiende más allá de aquellas biológicas y fenotípicas características de los pueblos asiáticos y que aquí es donde alcanza el tejido intersubjetivo. Para asegurarse que el grupo se conservaría como idéntico a sí mismo, una de las funciones de la transmisión psíquica generacional, fue el necesario aislamiento de las familias alrededor de la diferencia, es decir, permanecieron como extranjeros en referencia a los ideales y valores existentes en Brasil.

En los momentos de salidas y contactos de los hijos con otros grupos, como la escuela brasileña y los ambientes de trabajo, se pone en marcha el denominado narcisismo de las pequeñas diferencias, y en esos momentos, los migrantes y sus descendientes se enfrentaban con el ambiente considerado desconocido y peligroso. Delante del impás y los conflictos causados en ese contacto, los sentimientos relatados se caracterizaban como "extrañamiento", "raros", "diferentes". Aunque, el mecanismo más utilizado cuando prevalecía el conflicto y el extrañamiento era el aislamiento, es decir, el encierro, posibilitando el mínimo contacto posible, en virtud de la amenaza e incomodidad que la presencia de los brasileños causaba.

> Entonces, es en la época de la escuela, tenía los amiguitos de la escuela, en la enseñanza fundamental, ¿eh? (...) No era amigo que, yo no iba en la casa de ellos, ¿eh? Era una cosa así, más de colegas de escuela, de que amigos de verdad, ¿eh? Ahí, ahora con los nikkeis, y después de crecer, incluso después de entrar en el taiko (tambor japonés), todo, de ahi fueron más amigos de verdad, y de salir, de llamar, de hablar y tal, entonces así, en verdad yo nunca tuve amigos, es... brasileños, ¿eh? (...). En el ambiente profesional, así, también, ¿eh? Yo nunca, nunca conseguí relacionarme mucho con la gente brasileña, ¿eh? Como, es, las empresas donde yo trabajé siempre tenían personal nikkei, ¿eh? Entonces era donde es... yo siempre acababa relacionándome más con el personal, eh, nikkei. (...) Eso yo, mí, estaba siempre incómodo, eh, así que esa cuestión de eso, de la convivencia social así, yo no, no me sentía a gusto,

> ¿eh? Desde siempre, en verdad (...), de que nosotros, eh, de mis padres, eh, medio que nos aislaron (Roberto).

Ante este escenario, era de esperar la experiencia de lo que Kaës (2005, 2012) denominó de sufrimiento de la identidad, que se puede encontrar en situaciones caracterizadas por migraciones, sobre todo, en las segundas generaciones, y en el caso de que haya el predominio de la inconsistencia de las representaciones identitarias y de las identificaciones, ocasionado por referencias contradictorias provenientes de los diversos grupos de pertenencia en los cuales los hijos convivían, este sufrimiento puede ser exacerbado.

Es necesario añadir un aspecto en este momento, que dice respecto a la división narcisista y simbólica contraída en el aseguramiento garantizado por el contrato narcisista, siendo que la amortización de esta división se da a través de la investidura de los hijos en la descendencia y en los grupos contemporáneos. Entretanto, en este escenario de sufrimiento instalado en las familias, puede darse la denominada "elección de fidelidades culturales e identificaciones" (Correa, 2013, p. 148), demostrando que la posibilidad del establecimiento de una doble pertenencia, o sea, de la ampliación del lugar de destino, se puede configurar como una traición a los orígenes y a los mitos fundadores de la familia, lo que resultaría un recrudecimiento, sin duda simbólico, contraída a través de las investiduras narcisistas recibidas.

Así, ante la ruptura, incluso siendo temporal, con Brasil y el encuentro con Japón, Roberto afirma que puede comprender los conflictos identitarios que vivía, y percibió que se identificaba con Japón y no con Brasil, demostrando la cuestión de la elección de las fidelidades señalada anteriormente, que de alguna manera se asegura la preservación y la lealtad a las investiduras narcisistas recibidas y relativas a su origen.

> (...) CUANDO yo fui a Japón, en [año – omitido], que de ahí yo pude realmente entender, eh, todo ese sentimiento que yo tenía en relación con Japón, y por, que, que yo me sentía incómodo en Brasil, ¿eh? Y fue ahí que, cuando yo volví, hablé: ¡Vaya!, yo en un... mi lugar es allá, ¿eh? (...) Ah, porque, tipo, mi sangre es 100% japonesa, ¿eh? Porque queriendo no, tipo es... solo mi pasaporte es brasileño, eh, sí, así es... mi cuerpo, él fue, él debería haber nacido allí, ¿eh? Y, así, la comida funcionaba mejor, la ropa que yo compraba funcionaba más perfecto, sí, encajaba mejor, ¿eh? (Roberto)

Al final, la experiencia de vida transnacional, es decir, entre dos culturas, exigen un trabajo psíquico intenso debido al "desenraizamiento, o sea, la pérdida de los referentes de lengua y costumbres, la adaptación, la búsqueda del otro y el trabajo de aculturación es la necesaria articulación de lo familiar y de lo extranjero" (Fernandes, Gomes, Levisky, 2016, p. 144).

La constitución identitaria de Roberto siguió el camino de preservación de los aspectos identitarios del origen, el mismo proceso relatado por su madre.

> YO ME siento japonés. Creo que no tengo, eh, yo tengo dificultad, porque el comportamiento de ellos es diferente, yo creo, ¿eh? No combina conmigo. Entonces, creo que yo no sé, no sé, tanto es que, para viajar también cuando había bastante brasileño en él; ah, vamos a suponer, una excursión que fuera a hacer en medio de turismo conjunto con otros brasileños, pienso que yo no me siento bien (Marta).

Weismann (2017) indica que la constitución identitaria está relacionada con la cultura y la tierra de origen, concluye un proceso activo y continuo y, como tal, en lo relacionado con la migración, exige un grado de flexibilidad que envuelve un movimiento pendular constante entre la cultura de origen y la cultura del país de destino. De este modo, señala hacia una negociación que envuelve elecciones entre los elementos culturales a ser conservados, y aquellos que se abandonarán, y los nuevos contenidos adquiridos en el lugar de destino, incluyendo, por tanto, la negociación psíquica entre los contenidos heredados a través de la transmisión psíquica y aquellos que pertenecen a la cultura del país receptor.

Como la experiencia migratoria genera la ruptura de la frontera que opera como continente y que ya está de alguna manera establecida con relación a la cultura de origen, como el desplazamiento, el sujeto es llevado a establecer un nuevo espacio, en un contexto sociocultural diferente y que le permita sentirse amparado, sustentado y protegido, en la tentativa de aproximar las diferencias y desarrollar marcas de reconocimiento con el nuevo espacio.

Para que esto ocurra, este movimiento pendular posibilitaría la constitución de una identidad intercultural que involucra las marcas pasadas y de origen, y aquellas del contexto actual, e implica el tránsito entre lugares, culturas y espacios. No obstante, la pertenencia a una cultura favorece la construcción de una frontera interna que funciona como un continente relativo a un modo de desarrollarse y de insertarse en el mundo.

En este sentido, Correa (2000) afirma que la desvinculación de los grupos de pertenencia (como la familia, escuela, trabajo) genera una crisis de identidad, una vez que la ruptura de los vínculos afectivos con tales grupos causa un desamparo, resultante de una identidad en crisis que no consigue afirmarse. La familia se constituye en un importante grupo de pertenencia, pues es el espacio que posibilita la contención psíquica de los sujetos que a ella se vinculan, sobre todo, en momentos de crisis.

La posibilidad de la prolongación e investidura en el nuevo país a través del reconocimiento mutuo, aún significa una traición a la familia, tanto que notamos en Roberto un recrudecimiento identitario con Japón, al punto de afirmar que solo su pasaporte es brasileño, una vez que considera su sangre 100% japonesa. Más allá de la negación que este posicionamiento ilustra, conviene destacar el sufrimiento que pesa sobre él, y cualquier grupo sobre el que se establece una doble pertenencia. Al contrario, permanece devoto a su condición de sujeto de la herencia, y la educación de su hija revela la repetición de este contenido.

Por otro lado, Yume mostró un sentimiento identitario descrito como "mezclado", lo que demuestra que, a pesar de la permanencia del conflicto, existe una posibilidad, aunque aún distante, de integración despojada de un exceso de culpa, y que posibilita que la nueva cultura se incorpore junto con los contenidos de la cultura de origen. Ella remite a la diferencia existente con su hermano, que niega cualquier componente que lo identifique con Brasil, mientras para ella existe la posibilidad de una negociación identitaria más integrada entre los dos países y sus respectivos componentes culturales e identitarios.

> Sí, sí, me siento brasileña, así es, aunque así, sea, tenga esa diferencia, ¿eh? Algunas cosas, creo que eso es fuerte. Pero es, es, tipo, esos valores conmigo aquí, ¿eh?(...) Yo siento eso así y hay muchas cosas de la, que yo veo así, de la, de la, de la cultura, ¿eh? Es, brasileña, de la educación (...) Pero esa diferencia es que para mí es muy importante, ¿eh? Entonces, por eso que yo me veo así, es tipo cincuenta por ciento así, ¿eh? Mezcla, ¿eh?(...) Yo, yo pienso que es más mezclado así, no me siento, eh, japonesa así, tipo como, como si yo estuviera allí, ¿eh? Es, me siento bien diferente de lo que mi hermano siente que él siempre habla, ¿eh? Que él es nihonjin (japonês). Es, yo me siento bien, bien mezcla misma, ¿eh? En los moldes de la educación, es, japonesa, pero también me siento brasileña, ¿eh? (Yume)

Es importante resaltar que, en algunos momentos de crisis, como la adolescencia, la parentalidad, o ante una nueva experiencia de pérdida, se reinstala la ruptura con el origen vivida por la primera generación. Esos momentos se caracterizan por una renegociación de los acuerdos y pactos firmados, objetivando su mantenimiento o la posibilidad de un reposicionamiento.

Tanto Roberto como Yume estaban viviendo la experiencia de la parentalidad en la realización de las entrevistas, y señalaron la importancia de mantener los aspectos de la educación y la cultura que habían recibido para la continuidad del tejido vincular familiar, a través de la educación proporcionada a sus hijos. A pesar de todo, incluso en esto, la diferencia verificada con relación a la negociación identitaria es ratificada, y Roberto se mantiene en una posición más rígida sobre la educación de su hija.

> En fin, entonces, es que somos medio así, queremos dar una educación más japonesa de verdad, ¿eh? Es porque creemos que es importante la madre o mujer, sí, quedarse en casa para cuidar de los hijos, por lo menos en el comienzo de la, de la vida, ¿no es? Entonces, es, no queremos que, tipo sea diferente con ella, ¿eh? Que ella tenga una educación diferente, ¿eh? Y entonces va a ser, probablemente va a ser más japonés de verdad. Tanto que cuando cantamos para ellos, solo es música japonesa, ¿no es? Cuando hablamos, mucho en nihongo con ella, intentamos hablar mucho en nihongo con ella (...). (Roberto)

Para finalizar, observamos que en el centro de las diferencias demostradas en algunos aspectos de la constitución identitaria entre los hermanos, resaltamos que tras el breve contacto con Japón, Roberto volvió con el plan de migrar con toda la familia al país que considera su lugar, posición sobre la cual se diferencia de su hermana. La justificación está articulada en el hecho de sentirse japonés, como en el de la preocupación de que su hija tenga acceso a una educación exclusivamente en esta cultura.

## *Consideraciones finales*

El análisis generacional de la familia Yamá demostró la importancia de la preservación de la cultura de origen para las familias nipo-brasileñas, lo que corrobora los estudios históricos acerca de este movimiento migratorio.

Desde el Psicoanálisis, el establecimiento de las familias en Brasil se dio de una manera forzada, y por esta razón, las familias recurrieron a la construcción de asociaciones nipo-brasileñas para que se posibilitara la transmisión cultural a sus descendientes, apaciguando la amenaza de la ruptura considerada traumática. De todos modos, la conexión de las familias a ese agrupamiento señaló hacia un mecanismo defensivo de negación y aislamiento de los sujetos con relación a la cultura local, y con esto, en gran parte, los nipo-brasileños permanecieron como japoneses en Brasil.

Para finalizar, al respecto de la importancia de las asociaciones como un dispositivo intermediario, todavía existe un trabajo psíquico a ser realizado en lo relacionado con la aceptación de la cultura brasileña, en cuanto a constituyente de la subjetividad de algunos descendientes. El concepto de cultura y de diferencia cultural, como lo presenta Kaës (2012), fue fundamental para el análisis desarrollado y, por tanto, para la comprensión de la constitución identitaria de los nipo-brasileños.

## *Referencias*

Bauman, Z. (2017). *Estranhos à nossa porta.* Zahar.

Correa, O. B. R. (2000). *O legado familiar:* a tecelagem grupal da transmissão psíquica. Contra Capa.

Correa, O. B. R. (2012). La clinique groupale dans la plurisubjetivité culturelle. En Kaës, R. et al. *Différence culturelle et souffrances de l'identité* (pp.153-180). Dunod.

Correa, O. B. R. (2013). *Crises e travessias.* KBR.

Dantas, S. D. (2008). Nikkeis entre o Brasil e o Japão: desafios identitários, conflitos e estratégias. *Revista USP.*

Denzin, N. K. y Lincoln, Y. S. (2005). *The sage handbook of qualitative research.* Sage Publications.

Fernandes, M. I. A.; Gomes, I. C. y Levisky, R. B. (2016). Diversidade cultural e a noção de "entre dois". En Ramos, M. (org.) *Novas fronteiras da clínica psicanalítica de casal e família.* Escuta.

Fernandes, M. I. A. (2022). As alianças inconscientes: um operador clínico no trabalho com casais e famílias (pp. 258-275). En Pennacchi, R. e Thorstensen, S. *Psicanálise de casal e família:* uma introdução. Blucher.

Freud, S. (1988). *O mal-estar na civilização.* Imago. (Original publicado en 1929).

Kaës, R. (2005). *Os espaços psíquicos comuns e partilhados:* transmissão e negatividade. Casa do Psicólogo.

Kaës, R. et al. (2012). *Différence culturelle et souffrances de l'identité.* Dunod.

Kaës, R. (2014). *As alianças inconscientes.* Ideias & Letras.

Okamoto, M. Y. (2008). *Imigração Japonesa:* rupturas e reconstrução de vínculos afetivos. Arte & Ciência.

Pennacchi, R. y Thorstensen, S. (2022). *Psicanálise de casal e família:* uma introdução. Blucher.

Ramos, M. (org.) (2016). *Novas fronteiras da clínica psicanalítica de casal e família.* Escuta.

Shishito, K. T. (2012). *A expectativa temporal e a permanência de brasileiros no Japão*. 141 p. Disertación (maestrado) – Universidade Estadual de Campinas.

Stake. R. E. (2005). Case studies. En Denzin, N. K.; Lincoln, Y. S. (ed.) *Handbook of qualitative research* (pp. 435-454). Sage Publications.

Turato, E. R. (2003). *Tratado da metodologia da pesquisa clinico-qualitativa:* construção teórico-epistemologica discussão comparada e aplicação na área da saúde e humanas. Vozes.

Yin, R. K. (2001). *Estudo de caso:* planejamento e métodos. Bookman.

Weissmann, L. (2017). Migração/exílio e a perda da língua materna. *Cad. Psicanál. (CPRJ)*, v. 39, n. 37, p. 185-206, jul./dec.

# 10. Dejarás padre y madre...Reflexiones psicoanalíticas sobre la migración en la construcción de la pareja

*Maria Inés Saadi de Tozatto*

En 40 años trabajando en la clínica psicoanalítica, fui viviendo muchas migraciones. Migré no solamente de la Argentina para el Brasil, migré también del psicoanálisis clásico para conquistar nuevos territorios en el psicoanálisis vincular, algo pionero em los años 1980 en Rio de Janeiro.

El concepto de pareja también vivió migraciones y trasformaciones. En los años 70, em mi primera supervisión clínica escuché de mi supervisor: "Homosexuales no constituyen una pareja, son apenas una dupla".

"Pareja designa una estructura vincular entre dos personas de sexos diferente" aprendimos con Puget y Berentein en los años 1980. En la actualidad, pareja habla del encuentro amoroso entre dos personas, dos sujetos sueltos de amarras de género.

En todas las configuraciones de pareja hay un mandato bíblico que se hace presente cada vez que se inviste afectivamente en la construcción de un vínculo amoroso: "Por eso un hombre deja a su padre y su madre y se une a su mujer, y ellos dos se tornan una sola carne" (Génesis 2,24).

En la clínica psicoanalítica comparece, repetidamente, la angustia de separación que cada uno de los integrantes de una pareja vive al hacer el tránsito que va desde sus familias de origen hasta la construcción de una pareja que es algo nuevo, un acontecimiento.

"Dejarás padre y madre" ... migrar de un territorio familiar conocido, de la tierra madre, para nuevas tierras vinculares. Esto es más que deslizarse de un lugar a otro. El equilibrio emocional puede sentirse más o menos agitado en la medida que los sujetos resisten o asimilan las transformaciones que se les imponen.

Cada sujeto es alfabetizado en un código afectivo y vincular propio, es alfabetizado en su "lengua materna" podemos decir así. Al migrar para nuevas tierras vinculares, al vivir la aventura del encuentro amoroso, puede tener que caminar por terrenos de profundo desamparo hasta sentirse adoptado por un nuevo vínculo en la creación conjugal. La pareja hace un viaje a lo desconocido con algo ya conocido. Pueden acontecer crisis y también catástrofes en algunas migraciones.

Crisis y crecimiento son facetas de una misma moneda, intenso sufrimiento y transformación pueden llegar juntas. La crisis es punto de partida para una nueva etapa vincular cuando permite resignificar las señales que, en la historia compartida, prenuncian una posible ruptura de los vínculos. La crisis tensiona, pero no rompe los vínculos.

La catástrofe psíquica es diferente. Hay una ruptura del vínculo. Se instala una alteración desmedida que se propaga explosivamente. Las parejas viven un clima emocional de desastre que comparece pela pulsión de repetición como vehículo de la pulsión de muerte.

Este migrar, desde los orígenes conocidos para la pareja desconocida puede ocurrir de dos maneras: predominantemente traumática cuando es vivida como una migración que se impone y acarrea repeticiones mortíferas; pero también puede ser vivida con predominio de la pulsión de vida, semejante a una migración espontanea, movida por el deseo de interculturalidad resultante del encuentro entre un Yo y el Otro, el extranjero.

El otro aparece como diferente, alteridad radical, cristal opaco y trae el desafío de crecimiento dentro del vínculo con la posibilidad de recibir lo nuevo que el otro trae y de reconocer las diferencias que se presentan (Weissmann, 2019).

El otro, es extranjero también en el grupo familiar que pasa a habitar. Todo puede ser tan diferente que llamamos de "familia política" la que nos recibe como migrante. Muchas veces no es fácil con-vivir. Esto es visto en las fotos de familia; los "nativos", los de origen común y al lado los que llegan de afuera," los migrantes" que no comparten vínculos de sangre o de afecto ya establecidos en la familia.

Al pensar la organización fantasmática de las familias, Alberto Eiguer (1985) nos propone tres organizadores psíquicos que vemos actuando en la migración de lo familiar de origen a lo conyugal: El Yo familiar, la pertenencia y el hábitat.

El Yo familiar, como organizador inconsciente, entra en la escena en los tiempos de migración vincular. Silencioso y neutro cuando no es amenazado, el "habla" cuando entra en peligro. ¿Qué peligros el Yo familiar enfrenta cuando uno de sus miembros deja padre y madre y se aventura en el mundo de la conyugalidad?

La pertenencia familiar permite una sensación de proximidad, de tener un lugar en la continuidad y en la genealogía de la familia. ¡Podemos decir que son coterráneos! Hay un modo de comunicación propio, que todos comparten y entienden, todos aprendieron y lo reconocen como siendo de este grupo. Hay una "lengua madre" em los más variados sentidos.

La aparición del "Extranjero", ese Otro que por la elección amorosa seduce a uno de los miembros del grupo familiar, propicia una reorganización de los investimentos vinculares históricamente establecidos.

El "hábitat" como piel real y fantasmática de la familia sufre amenazas de desmembramiento. Cuando un miembro se va para nuevas tierras vinculares, causa, muchas veces, una sensación de cuerpo familiar amputado y de tierra desolada. Principalmente cuando la elección amorosa no corresponde al ideal del Yo familiar, a lo que la familia sueña y desea como proyecto para su hijo o hija que migra.

Cuanto más en endogamia viven las familias de origen, mayor puede ser la angustia de separación, mayor el miedo de ataques a la omnipotencia parental, mayor la negación de las diferencias presentadas por el otro, ¡ese extranjero!

Convivir con nuevas culturas, nuevos valores y nuevos deseos crean diferentes reacciones. Algunas familias admiten vivir la pérdida que la salida de un hijo provoca y atraviesan la crisis que se instala. Otras, reaccionan y hacen una negación del pasaje del tiempo.

Podemos entonces tener un duelo de migración dentro de lo esperado, cuando el sujeto va para el vínculo conyugal con su Yo más integrado, movido por su deseo; en otras situaciones, tenemos un duelo migratorio disfuncional, generalmente cuando el sujeto sigue siendo un personaje de la trama familiar y no se posiciona como protagonista de su historia de vida.

Migrar implica un grado de renuncia.

Cada uno vive pequeños y/o grandes duelos por la falta de las sensaciones olfativas, táctiles, visuales, auditivas y gustativas que conocía.

*El canto con la voz materna, el sabor del asado que el papá hacía, el perfume del jazmín en la casa de la niñez, los dulces de la abuela...*

En el trance migratorio para más allá de la familia de origen, hay un trabajo psíquico del duelo y un trabajo psíquico en el duelo.

El trabajo del duelo es facilitado por los ritos sociales como, por ejemplo, la despedida de soltero, la fiesta de casamiento. Por otro lado, la elaboración de la experiencia de falta permitirá resolver el traumatismo del duelo.

"Partir es morir un poco" ya fue dicho...

Será necesario enfrentar el miedo de ser olvidado y también el dolor por la separación del hábitat familiar externo e interno (la casa, el barrio, los amigos, los familiares). ¡Ir se desvinculando hasta vivir la alegría de lo nuevo!

El desarraigo de las familias de origen instala un paso a paso para ir sembrando en nuevas tierras vinculares la germinación de una pareja, de una nueva familia. El legado sociofamiliar transmitido de generación en generación llega a cada uno facilitando o no facilitando el acontecimiento del encuentro amoroso. El impedimento o la repetición mortífera nos confrontan con la transmisión psíquica transgeneracional.

Pero este migrar para el encuentro amoroso puede también recrear las familias de origen. El Otro, ese extranjero, trae nuevas experiencias, otra cultura familiar. A medida que el otro va siendo adoptado afectivamente, propicias transformaciones en el funcionamiento y en el "discurso sagrado," (Rojas, 1991), discurso incuestionable de la familia originaria.

Todo un caminar se impone, hay un proceso a ser vivenciado: ¡de la ilusión de completud hasta el trabajo de vínculo y creación!

¡Ilusión, desilusión y creación pulsan em el tránsito migratorio!

Inicialmente, la ilusión de completud está presente en la elección de la pareja. Ilusión habla del engaño de los sentidos o de la mente que nos hace tomar una cosa por otra. En el tiempo de la ilusión, muchas son las demandas que la pareja debe atender. Ser un Yo auxiliar, tener función de prótesis. Atender a las expectativas de ser copia fiel, ser semejante o ser el opuesto de lo que fue vivido en su familia de origen, punto de partida primordial para los encuentros que serán vividos por la vida.

Cuanto mayor el deseo de vivir un reencuentro con la "tierra madre", con lo que fue vivido y lo legado por la familia de origen, mayor puede ser la dificultad de discriminación en la pareja y mayor la insatisfacción. Hay una gran desilusión, inevitable al enfrentar las diferencias que existen entre la pareja que soñamos y la pareja que vivimos.

La pareja va firmando acuerdos y pactos inconscientes que la atienden en lo que la precede. Freud (1914) ya decía que llevamos una doble existencia: Por un lado, somos para nosotros mismos, nuestro propio fin; por otro y al mismo tiempo, somos parte de una cadena a la cual estamos sometidos contra nuestra voluntad o, al menos, sin la acción de ella.

La clínica revela que la intimidad de la pareja, muchas veces, está comprometida por el enraizamiento en las familias de origen, cuando lo transgeracional impone un desvío o quiebre de función, como muestra la viñeta que sigue.

## *Caso clínico*

Sara es de familia judía con fuertes legados de endogamia y matriarcado. Tiene como misión construir una nueva familia y, para atender a la expectativa de sus padres, debe elegir una pareja también judía. Roberto es de una familia no judía que le transmite un legado de desamparo, desamparo por la falta de cuidados materno y paterno. Al iniciar el análisis de pareja, se perciben como madre e hijo en un cotidiano de violencia primaria, inadecuada para el tiempo presente del vínculo conyugal. Durante el proceso de construcción de la pareja, consiguen transformar el funcionamiento vincular, pero algo parece impedir el ejercicio de la sexualidad. ¿Cuál es el contrato inconsciente de Sara y Roberto? ¿Quién es Sara para Roberto y quien es Roberto para Sara?

Cuando Sara y Roberto se casaron, firmaron un contrato inconsciente por el cual darían continuidad a la ilusión de completud de la familia judía, que desea mantenerse en la endogamia. Roberto, movido por el desamparo, asimila fácilmente las tradiciones y los valores de la familia de Sara. Es recibido como un hijo por los padres de ella y pasa a ocupar un lugar de hermano de Sara, hermano este que vive lejos. Por el contrato inconsciente, Roberto también es atendido en su deseo de cuidado parental. El ejercicio de la sexualidad permanece entonces prohibido, el sexo no acontece. Sara y Roberto tienen un funcionamiento de hermanos y en el vínculo fraterno la sexualidad es prohibida. Durante el análisis vincular, al perseveren que, psíquicamente, son hermanos y no amantes, van poco a poco, despertando juntos el deseo y empiezan un noviazgo en que los encuentros sexuales son bienvenidos. Crean un nuevo contrato matrimonial. Por el primero contrato, como hermanos, cumplieron con el deseo familiar de los orígenes. En este segundo contrato, viven el acontecimiento del amor conjugal.

Toda pareja se constituye teniendo deudas con las historias que la anteceden y precisan resolver qué lugar tendrán las marcas que el pasado remoto y el reciente dejan en su vida en común.

El grupo familiar "instituye y administra rituales de pasaje de un estado a otro" (Kaës, 1999, p. 13). De las familias de origen a la construcción del vínculo conyugal, de una generación a otra, siempre creando "territorios de intermediación" (Tozatto, 2007).

Los territorios de intermediación surgen del proceso creativo que es acontecimiento en los vínculos. La formación de la pareja crea una trama genealógica e histórica que se hace del cruce de los linajes familiares de origen de cada uno y del cruce de las historias que cada uno trae de encuentros amorosos anteriores. ¡Estos son otros puntos de partida para el vínculo! Y la clínica nos muestra que hay memorias de cada encuentro amoroso que se actualizan en la vida conyugal.

Inevitablemente la ilusión camina para la desilusión. No existe alguien que pueda ser "la tan soñada tierra prometida "y atender a todo lo que es deseado. Cuando la existencia del otro empieza a ser percibida, acontece la desilusión con la desestructuración de la relación narcisista especular. El sufrimiento se instala al vivir la diferencia. ¡La tierra prometida puede ser bien diferente del paraíso perdido!

Después del tiempo de la ilusión y de la elaboración de la pérdida de las familias de origen, la pareja puede iniciar la construcción de su vínculo marital propiamente dicho.

La imposición de la presencia del otro revela una violencia inherente al vínculo. En el espacio virtual que se da entre dos, la alteridad provoca alteraciones y será un desafío construir lo común ante las diferencias, vivir en común-unión con la diversidad, abrir para la interculturalidad. Los conflictos interculturales pueden originar una guerra vincular, pero, otras veces, pueden crear nuevas y ricas posibilidades de red vincular.

Cuando la pareja va más allá de la desilusión y permanece unida, inaugura entonces un nuevo tiempo. Tiempo de creación, de "trabajo de vínculo", como decía Berenstein (1989).

El amor se inicia en un acontecimiento que es el encuentro de diferentes, unidos por un espacio común que es vacío. En este vacío, los *partners* crean y recrean más allá de la interfantasmatización que los acerca. De esta manera, construyen algo nuevo en el espacio "entre", ¡un admirable mundo nuevo!

Hablar de un casi vacío, recupera em este espacio algo que existe, que es antecedente, algo de la historia de vida de cada uno, de la genealogía y de la 'tierra madre" o linaje familiar en que cada uno fue construyéndose como sujeto de los vínculos. Esta carga ocupa una parte del vacío, pero hay un vacío de significados que desafía cada pareja, que convoca la curiosidad y la creación, mantiene la ilusión de poder ser transformado y de transformar.

Arriesgarse en las diferencias, aumentar el espacio, extender el vacío yendo al encuentro del mundo y también, replegarse sobre la intimidad, experimentar ciertas renuncias de las subjetividades sobre el punto en común, sobre lo que los une y sobre lo que comparten.

Hay algo de "ajeno" (Berenstein, 2001) en el otro propiamente dicho. Lo ajeno impide que el otro sea reducido al uno, no permite la ilusión de completud.

Los funcionamientos de contracción vincular y de dilatación vincular crean amenazas de ruptura vincular o de separación para la pareja.

Llamo de contracción vincular, el funcionamiento en que cada uno o uno de los sujetos de la pareja se vuelve para su mundo intersubjetivo y desea discriminarse. Ya en el funcionamiento de dilatación vincular, uno o los dos sujetos participan más intensamente del mundo social y lo transubjetivo se hace más presente. Repetidas veces surge en la clínica un malentendido: viven la discriminación en su vínculo conjugal como amenaza de separación, de ruptura del vínculo.

Hay algo de transformable y algo no transformable en el vínculo que convoca la pareja al trabajo de migración psíquica. Curiosidad y admiración renovadas ayudan a vivir la pareja posible.

> *... Cuantas parejas pierden la curiosidad por el otro y desalojan entonces la fuerza vinculante?... la curiosidad es una condición de la vida y por lo tanto inherente a la vida humana; es un motor que da acceso a un espacio oscuro, sin límites, gracias al cual se crean conocimientos volátiles estimulados por la ignorancia y el deseo de conocer (Puget, 2022, p. 27).*

Cuando la pareja se constituye y es reconocida como una nueva familia, los conyugues van creando un "territorio conyugal" y desenvolviendo una extrañeza con relación a su tierra madre o grupo familiar de origen.

Después de muchas transformaciones no hay como seguir siendo el mismo sujeto y al mismo tiempo el lugar de origen también deja de ser lo que ya fue. En algunas separaciones de parejas, cuando uno o los dos vuelven para la casa de sus padres, vemos que será nuevamente necesario un trabajo de migración vincular.

En estos muchos años escuchando parejas y familias, confirmo el gran trabajo psíquico que esta migración vincular establece. Dice María Cristina Rojas:

> *El dispositivo analítico familiar ofrece condiciones para poner em análisis facetas vinculares múltiples: una, referida a las vicisitudes de los lazos de filiación, es decir, entre quienes crían y quienes son criados; otra, a los itinerarios vinculares de la pareja si la hubiera, sus alianzas y pactos inconscientes, su aptitud para operar en la transcripción de lo transmitido y la elaboración de las situaciones traumáticas actuales ... (Rojas, 2022, p. 55).*

A los que viven el especial desafío de venir a ser, dejar de ser o permanecer en una pareja el atendimiento psicoanalítico de pareja, puede propiciar la migración vincular necesaria para un reciclaje libertador en la ecología vincular.

Cada uno podrá, como dice Weissmann (2019), hacer una elección subjetiva de pertenecer o ser extranjero.

## *Referencias*

Berenstein, Isidoro. (2001). *El sujeto y el otro. De la ausencia a la presencia*. Paidós.

Berenstein, Isidoro y Puget, Janine. (1989). *Psicoanálisis de la pareja matrimonial*. Paidós.

*Bíblia de Jerusalém*. (2002). Paulus.

Eiguer, Alberto. *(1985). Um divã para a familia*. Artes Médicas.

Freud, Sigmund (1914/1974). Introdução ao Narcisismo. En *Obras Completas, ESB*, vol. XIV. Imago.

Gutkowski, Silvio y Pazos de Winograd, María Isabel (2003). *Emigración, Salud Mental y Cultura.* Ediciones Candil.

Kaës, René. (1989). *Las teorías psicoanalíticas del grupo.* Amorrortu.

Nicolussi, G. F. (1996). Reflexiones psicoanalíticas sobre la migración. *Revista de Psicoanálisis*, n 1, vol.53.

Puget, Janine. (2022). Elegir entre lo múltiple: un desafío. en Fischer, Ileana (comp.) *De vínculos, subjetividades y malestares contemporáneos.* Editorial Entreideas.

Ruiz Correa, Olga. (2007). *Grupo Familiar e Psicanálise.* Vetor.

Rojas, María Cristina. (2022). *Familias, infancias, adolescencias. Una clínica más allá de la piel.* Editorial Entreideas.

Tozatto, Maria Inés. (1991). A ilusão de completude no casal. En *Revista do CBP-RJ.*

Tozatto, Maria Inés. (2007). O grupo familiar em tempos de terror: o territorio de intermediação nos vínculos familiares e na clínica vincular En Ruiz Correa, Olga. *Grupo Familiar e Psicanálise.* Vetor.

Tozatto, Maria Inés. (2004). *Transmissão Psíquica.* Múltiplas metamorfoses de um campo em movimento. Tese de Doutorado. 236p. Departamento de Psicologia, PUC-Rio.

Weissmann, Lisette. (2019). *Interculturalidade e vínculos familiares.* Blucher.

# 11. Familia y migración[1]

*Susana Seidmann, Laura Chmielewski, Delfina Martinez, Tomas Esteban Pereyra, Nahuel Pistolesi y Gustavo Javier Rigueiral*

*Mediante la narrativa construimos, reconstruimos,*
*en cierto sentido hasta reinventamos,*
*nuestro ayer y nuestro mañana.*
*La memoria y la imaginación se funden en este proceso."*
Jerome Bruner

En este capítulo se abordan nuevas formas de vincularse que llevan a cabo las personas migrantes en el proceso migratorio.

Se evidencia en las narrativas de las personas entrevistadas una reconfiguración de su red social y la construcción de nuevos vínculos primarios, para los cuales utilizan la etiqueta de "familia".

En este escrito se utilizan desarrollos clásicos acerca de la conceptualización de familia y se retoman los aportes del esquizoanálisis (Guatarri & Rolnik, 2013; Deleuze & Guattari, 2014) para comprender las nuevas formas de territorialización y re-territorialización que llevan a cabo las personas migrantes. Se entiende por

1 Institución de Referencia: Universidad de Belgrano, Buenos Aires, Argentina. Proyecto de investigación "Trayectorias psicosociales de migrantes residentes en el Área Metropolitana de Buenos Aires" y "Estrategias de migrantes en el AMBA frente a las violencias cotidianas"

territorialización la apropiación y subjetivación del espacio social, en el cual se desarrollan un conjunto de representaciones y comportamientos. Los territorios se pueden desterritorializar, en donde se emprenden líneas de fuga y estos salen de su cauce. Frente al proceso de desterritorialización surge la reterritorialización que implica reapropiarse nuevamente no solo del espacio geográfico sino de los espacios identitarios y relacionales (Guattari & Rolnik, 2013).

Para el presente trabajo se hicieron 19 entrevistas semidirigidas, en profundidad a jóvenes migrantes de entre 20 y 30 años que están en el país hace por lo menos un año y no más de cinco años, que vivan en el Área Metropolitana de Buenos Aires (AMBA), algunas de las entrevistas fueron administradas en forma virtual y otras en forma presencial, entre julio de 2021 y agosto de 2022.

Grinberg y Grinberg (1982) definen la palabra migración como "la movilidad geográfica de las personas, que se trasladan de distintas formas: en grandes masas, en pequeños grupos o de manera individual" (p. 12).

Esta situación es caracterizada por Grinberg y Grinberg (1982) como una crisis en la que no se puede prever lo que sucederá, si será una "catástrofe" o una "evolución exitosa y creativa", cada uno tiene su propia experiencia, esta puede ser por ejemplo una oportunidad de independencia y autonomía o movilidad social. En ese sentido, desde los dichos de las personas entrevistadas una estrategia para re territorializar es buscar "familia" en el lugar de destino, familia con la que no comparten lazos sanguíneos, sino lazos que se crean y recrean otros lazos anteriores.

Seidmann (1990) señala que los seres humanos buscan que su realidad sea próxima a sus ideales, las razones de la migración son "múltiples y complejas" no se pueden condensar en una sola variable, como por ejemplo la búsqueda de un mejor estándar de vida. Distingue dos grupos de migrantes: los involuntarios para referirse a las personas exiliadas, deportadas y forzadas a los desplazamientos y los migrantes voluntarios, quienes eligen migrar como proyecto de vida.

En la migración se pierden las referencias, se altera la estructura psíquica, se conmueve la identidad, pues se pierden los marcos de referencia utilizados habitualmente; son sentimientos comunes la sensación de transitoriedad, de pertenecer a dos mundos, de tiempo suspendido y de pérdida, La autora menciona que se desarrolla "(...) El deseo de recomponer una ilusión de coherencia interna, la vivencia de una identidad no fracturada" (Seidmann, 1990, p. 2).

Migrar supone afrontar el desafío que representa el cambio de los otros significantes, la inserción en estructuras sociales del país de destino, generar redes y tramas sociales, en los clubes, trabajos, organizaciones sociales y también buscar condiciones óptimas de vida, ya que muchas veces habitan varias personas en una vivienda para administrar mejor los recursos económicos.

Según Berger y Luckmann (1972) Las personas construyen su mundo en la interacción cotidiana con los otros y en este proceso es que se constituye y se mantiene o transforma la realidad subjetiva que es la identidad. Los sujetos se incorporan e internalizan el orden social en el proceso de socialización.

Berger y Luckmann (1972) señalan dos períodos en este proceso: la socialización primaria y la secundaria. La primera se desarrolla en el seno de un grupo primario y, principalmente la familia, está cargo de los otros significantes y es el momento de la constitución subjetiva. La socialización secundaria supone la inserción de las personas en otras instituciones y el aprendizaje de los roles sociales.

Los nuevos vínculos que se dan en el lugar de la migración, muy a menudo se asocian a los otros significantes de la socialización primaria, hay un monto afectivo en esta estrategia de socialización, al migrar *se forma familia*, se crean nuevas estructuras sociales en el lugar de migración que generan marcos de referencia inéditos, para crear una estabilidad emocional y reducir el sentimiento de transitoriedad de la migración (Seidmann, 1990).

De este modo lo expresa una de las participantes de la investigación:

> Si bien obviamente tengo amigas acá y construimos una familia con el tiempo. Era un momento en el que todos estábamos llegando y era muy inestable todo, y no tener eso, el soporte familiar que siempre uno siente que, aunque no pase nada, psicológicamente te quita un peso (R, 28 años, varón, Venezuela ).

Ya sea por trabajo, la mayoría de las veces, por estudio o por cuestiones familiares, entre otras razones, las personas migran de sus lugares de origen en búsqueda de mejores condiciones de vida, asociadas generalmente a la falta de trabajo, la imposibilidad de estudiar, de llevar a cabo el proyecto de vida o por el contexto del país de origen, y de este modo sostienen la ilusión de mejorar sus vidas.

## *Emociones y migración*

Gutiérrez (2013) sostiene que las emociones están imbricadas con toda producción humana. Rimé (2013) considera que las emociones tienen consecuencias comunicacionales, con efectos en las relaciones sociales en varios aspectos: cognitivos, afectivos y conductuales. Páez (2013) afirma que "El compartir social de las emociones también tiene efectos sobre el bienestar personal y de otros" (p. 18). Rimé (2013) en su enfoque sociocultural de las emociones, analiza la forma en la que los procesos colectivos, no sólo las relaciones interpersonales, operan como "instrumentos externos" de regulación emocional. En este sentido, Gergen (1994) sustenta que las emociones tienen un fuerte arraigo en los contextos de interacción social de las personas. Al respecto, argumenta que el discurso social obtiene significado según el modo en que se inscribe en las pautas de la relación cultural.

El apoyo social, el compartir y la comunicación social de las emociones son la base para el afrontamiento y la regulación del afecto. Los rituales positivos tienen efectos benéficos, como, por ejemplo, en las reuniones de Navidad cuánto más participación haya, se aumenta la reactivación emocional, más identificación entre miembros, con efectos en el tiempo a mediano y largo plazo, aún después de la fecha concreta en la que sucedieron los rituales positivos, en este caso en el mes de diciembre.

> Cocino como un proceso artístico. (...) Cuando se me invita a este evento de performance, yo cociné, pero recientemente había muerto un tío paterno. (...) como homenaje, en éste cociné un dulce típico de Venezuela. Que se hacía en diciembre en las fiestas. En casa de mi abuelo, que preparaba mi abuela, mi tía. (...) y le di a la gente para que lo probaran (...)por ejemplo, el chico me dijo que le recordaba algo que le hacía su abuela (...) (Y, 29 años, mujer, Venezuela).

Desde la perspectiva del Construccionismo Social Gergen (1994) sostiene que "Uno de los principales desafíos (...) es el de enriquecer el alcance del discurso teórico con la esperanza particular de expandir el potencial de prácticas humanas" (p. 163). En este sentido, resulta importante visibilizar las emociones que vivencian e identifican quienes migran hacia vínculos no consanguíneos .

Según Gergen (1994), las narraciones no son un mero reflejo de la realidad, sino más bien parte de la misma, marcando a través del relato, lo verdadero del suceso. En las narraciones de las personas migrantes, podemos notar cómo se postula esta nueva definición, sin discutir la verdad de la misma. Es más, en las narraciones aparece como un fenómeno, a veces difícil de explicar, por los mismos migrantes, pero verdadero para ellos. Así lo menciona una de las entrevistadas:

> Acá a amigos. Yo tengo amigos acá que ya son como familia y siempre, o sea, estamos ahí, si necesitas algo, no sé qué pasó, algo con plata o cualquier cosa (M, 24 años, mujer, Brasil).

Al abordar el fenómeno de la familia se encara un fenómeno complejo, estudiado por diferentes disciplinas y puntos de vista teóricos.

Desde la mirada antropológica, se destaca la regularidad de la convivencia grupal de personas de diferente sexo, a los efectos de la procreación y protección recíproca, a lo largo del tiempo, con lo cual se generan estructuras consuetudinarias de vida en común, a las que se denomina *familia*.

La comprensión de la conducta humana se define por su relación con los otros y con el contexto social al que pertenece. Así ocurre que el presente se perfila a partir de las influencias del pasado a lo largo del curso de la vida, en el que la organización familiar va transformando su estructura y, por ende, los comportamientos de sus miembros. Esto implica tomar en consideración diversos procesos constitutivos de su estructura: la relación, la comunicación, la distancia y/o proximidad de sus miembros y sus resultados correspondientes, alianzas, coaliciones, alejamiento, emociones, como el desamparo, la pérdida de figuras de apego, que van produciendo reconfiguraciones importantes en la cotidianeidad de sus miembros.

La familia implica una estructura, tal como es definida por diferentes autores. Salvador Minuchin (1974) destaca la importancia del cambio estructural de la familia a medida que se suceden las transformaciones de las condiciones sociales y culturales, ya que el impacto de situaciones socioculturales diversas va modificando el modelo de interacción entre sus miembros. La estructura familiar involucra a los miembros que desempeñan roles centrales que se van estructurando y reestructurando en subsistemas cambiantes.

Berenstein (1981) aborda la consideración de la familia como un sistema con un modelo de relaciones existente en la constitución del parentesco: *alianza* – relación en la pareja hombre/mujer – *filiación* – referida a la relación padres/hijos o hermanos entre sí – y *avuncular* – que involucra las relaciones entre la familia original y la familia conyugal. Estos sistemas de interacción se intersectan entre sí, derivando en fenómenos característicos.

En la migración, se perfila una actitud de búsqueda que puede evocar seguir el rastro dejado por sus antecesores. Berenstein (1981) alude al fenómeno afirmando que:

> *las personas cambian sus lugares de residencia.... en forma consciente o inconsciente, la elección de los nuevos lugares se vincula con los ancestros... son los viejos lugares transformados ...Se relaciona con una búsqueda que... todo ser humano hace de sus orígenes, de las raíces de su identidad, sus identificaciones originarias, sus tempranas represiones constitutivas (pp. 14-15).*

Pierre Bourdieu (1979) afirma que, producto del registro que una persona realiza de una serie de signos, que cada cuerpo expresa, se establecen afinidades electivas (p. 263). Según este autor, las personas que tengan expresiones (pronunciación, porte, formas de andar) que guste a un sujeto particular, serán personas con las que este sujeto percibirá gusto de aunarse. Se llaman simpatías a estas expresiones que producen gusto y tendencia al encuentro. En el transcurso de las entrevistas se pueden identificar repetidas veces esta unión, a partir de simpatías, en un territorio que resulta ajeno muchas veces a los migrantes.

> PARA FIN de año, varias madres de nosotros vinieron a visitarnos, madre justamente... Me acuerdo sólo de un padre, pero la mayoría madres y para fin de año hicimos una fiesta como si fuera la familia literalmente y fue muy lindo (C., mujer, 30 años, Colombia).

Sin embargo, estas simpatías con las que se selecciona a las personas con las que el vínculo se profundiza, no responden a modismos de un país o expresiones culturales específicas, pues estas familias se organizan por migrantes de diferentes países. Así, también revisando las citas antes mencionadas, se puede marcar que el porte que identifican es el de una persona que muestra estar intentando adaptarse o configurar sus expresiones a un territorio distinto. La expresión es la de una persona que se está reterritorializando en el AMBA. "En cada caso, utilizamos la forma del relato para identificarnos con otros y a nosotros mismos" (Gergen, 1994, p. 163). Es en este relato, que se forma a partir de lo que ven que se encuentra simpatía entre dos migrantes que buscan reterritorializarse. Es a partir de esta simpatía, que se mantiene en el tiempo y a través del relato que este otro empieza a ser descripto (y, por lo tanto, se convierte) en familia.

> CAMBIAR, BUENO, yo diría que establecer nuevamente vínculos afectivos. O sea, más que cambiar es lo que no tuve o no tenía y tenía que comenzar a decir: bueno, estoy conociendo a esta persona, a este amigo, a esta amiga. Entonces, pasan a ser como tus hermanos, tu familia y creo que eso es lo distinto que tenía (P., 30 años, mujer, Venezuela ).

A su vez, se propone superar el abordaje clásico, ya planteado en este trabajo con las definiciones de familia de Minuchin (1974) y Berenstein (1981) que ha surgido por parte de la tradición psicoanalítica, en el cual la familia es ubicada en un rol estructural y universal. Deleuze y Guattari(2019) proponen que el psicoanálisis ha establecido al modelo familiar "papa-mama-yo" como una estructura universal que organiza el campo social, la subjetividad y el deseo. Los agentes colectivos son interpretados como derivados o sustitutos de figuras parentales, en un sistema de equivalencias que vuelve a encontrar en todo lugar al padre, madre y yo. Los autores sostienen que, desde la teoría psicoanalítica y otras ramas de la psicología, se considera a la familia como un microcosmos y figura autónoma, inscrita en un círculo mayor que mediatiza y expresa. Según Deleuze y Guattari (2019) este proceso surge a partir del desarrollo de las sociedades modernas y capitalistas, en las cuales la familia deja de ser una unidad de reproducción socioeconómica, reemplazada por el capital, y pasa a ser una forma de representación de la reproducción social.

Barelli (2023) aborda las creencias religiosas de los migrantes y cita a Tarrius (2000), quien escribe sobre "territorios circulatorios". Los define como espacios generados por prácticas de movilidad, las personas que habitan los territorios circulatorios son "de aquí y de allá a la vez", y en ese devenir crean sus construcciones territoriales con redes sociales que les permitan moverse, y los parámetros para reconocer al otro son distintos que los que producen las sociedades de destino. El autor la define como categorías que están siendo: una experiencia relacionada con el pasado (lo vivido) y lo que está sucediendo (el presente) en un movimiento dinámico, y cita a Odgers Ortiz, quien dice que la veneración a los santos por parte de los migrantes, son como anclajes o faros que "(...) dentro de un territorio fluido que conecta lo de "aquí" y lo de "allá" (2023, p. 88), relaciona el practicar y evocar las creencias que tiene en sus países de origen.

Betrisey (2009) afirma que la experiencia de la migración depende de los sentidos que las personas migrantes asignan a las prácticas de movilidad. Así lo plantean algunas de las personas entrevistadas:

> O SEA, como que nos hicimos nuestra familia, somos un grupo muy unido y cómo es importante eso también. Armamos una red y somos nuestra familia, como que la amistad ya después se desarrolló mucho más (C., mujer, 30 años, Colombia).

> (...) FUE duro, muy duro, ahora me siento muy bien, estoy muy contento, he conocido una gente maravillosa: V. es una maravilla, me está ayudando un montón. Bueno, ahorita que (...) estoy con Y. Es que yo llegué acá también con los que hemos generado una fortaleza, y nos ha funcionado súper bien, hemos generado familia tenemos una amiga de Brasil que también está así, ya tenemos contención (F., Varón, 29 años, Venezuela).

Bianchini (2024) ve la migración como una relación social "(...) el migrante inaugura una relación social enteramente nueva" (p. 255), que además de poner en juego la identidad del migrante también pone en juego la del habitante del lugar receptor, en un juego mutuo de exposición. Turner (citado por Bianchini) sostiene que, en la mutua implicación del acto de socialización, denominada "relación de liminalidad", se produce un vínculo de alteridad en el que la persona migrante no es del país, y tampoco del extranjero, ya que está inaugurando su pertenencia al país de destino.

En este sentido, una de las entrevistadas afirma lo siguiente:

> (...) ES como que nos acompañamos en el proceso y es como, bueno, si, yo sé que, si pasa algo, está la persona ahí. Y tengo un amigo argentino también, que ese como que, desde el primer año que empecé con todo este tema así, lo conocí y fue mi hermano (D., mujer, 30 años, Venezuela).

Llamar *hermano* a un amigo del lugar de destino, estrecha lazos y configurar un nuevo vínculo que acerca a quien migra al nuevo territorio, y como escribió Freud (1905) acerca de los síntomas: "(...) un odre viejo que es llenado con vino nuevo" (p.48), entendiendo el odre como los vínculos primarios y el vino nuevo como los vínculos secundarios, movimiento que facilita arraigarse al territorio con esquemas propios, singulares y personales.

## *Reflexiones finales*

Según lo planteado por Deleuze y Guattari (2014) la familia pasa a ser una forma de representación de reproducción social y en ese sentido nombrar a los vínculos afectivos que construyen en el país al que migran con metáforas familiares: "familia, hermano..." es una estrategia de la que se valen las personas migrantes para la creación de lazos afectivos que impactan en la subjetividad, para transitar la experiencia de la movilidad territorial, simbólica y material. La metáforas familiares son funcionales para la adaptación en el lugar de la migración. Nombrar como "familia" los lazos de amistad, vecindad, trabajo, comunitarios, da seguridad, genera vínculos sociales y comunitarios. Echar raíces, en el lugar de destino, implica metabolizar y subjetivar la experiencia migratoria, que reproduce socialmente, al decir de Deleuze y Guattari (2014), como lo hace la unidad familia, es decir representar la reproducción de lo conocido en un territorio desconocido, dando sentido más íntimo al nuevo espacio geográfico que se habita.

Pizarro y Ciarallo (2023) sostienen que las experiencias migratorias de apropiación del espacio y reterritorialización están ligadas a "las cartografías socioculturales que emergen de los movimientos cotidianos entre lugares que son familiares para lxs migrantes, aun cuando la distancia entre ellos sea muy grande" (p. 120-121)

Es decir, los procesos para gestionar la reterritorialización precisan ajustes que siempre son singulares, multideterminados por las experiencias personales, por las formas de ser, las creencias, la procedencia cultural. Como señala Odgers Ortiz (2008), las metáforas familiares asociadas con los vínculos son como faros que iluminan y señalan una dirección acercando un territorio desconocido a otro conocido, como forma de afrontar los cambios, de apropiación y promover la inserción en el nuevo territorio. En el mismo sentido, Seidmann (1990) postula que, de este modo, se detiene la sensación de transitoriedad y se recompone la ilusión de coherencia interna, que se modifica con la pérdida de los marcos de referencia que genera la migración. Así lo expresa una de las personas entrevistadas:

> (...) Entender que el hogar somos nosotros mismos, y que eso también te ayuda, muchísimo, a enfrentarte a muchas cosas, a nivel externo, ¿no? (...) El desarraigo es una carga, el sentimiento de pertenencia es una carga. Entonces mientras te haces más ligero, como que es más fácil para

ti tomar esas decisiones de irte a otros lugares y ya decir, bueno, ya yo aprendí. No es que me llamo D Migrante, no, soy D. Soy una persona, y puedo estar en cualquier parte (...) (D., 30 años, mujer, Venezuela).

## *Referencia*

Barelli, A. I. (2023). Creencias, territorialidades y migrantes. En Jiménez, C. I. y Trpin, V. (comp). *Pensar las migraciones contemporáneas: categorías críticas para su abordaje.* Teseo.

Berenstein, I. (1981). *Psicoanálisis de la estructura familiar.* Paidós.

Berger, P. y Luckmann, T. (1972). *La construcción social de la realidad.* Amorrortu.

Bretisey, D. (2009). Experiencia migratoria y procesos identitarios de japoneses en Madrid. *Papeles de Población*, 15 (60),123-149.

Bianchini, E. (2024). El extranjero, el viajero, el peregrino. En Cabanchik, S. y Buchbinder, P. (Comp). Migraciones y Exilios. Perspectivas desde la historia, la sociología y la filosofía. Eudeba.

Bourdieu P. (1979). *La distinción. Criterio y bases sociales del gusto.* Taurus.

Bruner, J. (2013). *La Fábrica de historias. Derecho, literatura, vida.* Fondo de cultura económica.

Cabanchik, S. y Buchbinder, P. (2024) *Migraciones y Exilios. Perspectivas desde la historia, la sociología y la filosofía.* Eudeba.

Calixto Flores, R. y Terrón Amigón, E. (2018). Las emociones en las representaciones sociales del cambio climático. (pp. 217-233). *Educar en Revista.* https://doi.org/10.1590/0104-4060.55684

Deleuze, G. y Guattari, F. (2014). *El antiedipo: capitalismo y esquizofrenia.* Paidos.

Freud, S. (1905). Fragmento de análisis de un caso de histeria. (Dora). En *Obras Completas.* Volumen VII. Amorrortu, 2006.

Gergen, K. (1994). *Realidades y Relaciones: Aproximaciones a la construcción social.* Paidós Básica.

Grinberg. L. y Grinberg, R. (1982). *Psicoanálisis de la migración y del exilio.* Alianza Editorial.

Guattari, F. y Rolnik, S. (2013). *Micropolítica: cartografías del deseo.* Tinta Limón.

Gutiérrez, S. (2013). Emociones y representaciones sociales. Reflexiones teóricas. En: Flores, F. (coordinadora). Representaciones sociales y contextos de investigación con perspectiva género (17-44).CRIM.

Minuchin, S. (1979) Familias y Terapia Familiar. Gedisa.

Minuchin, S. & Nichols, M. (1994). *La recuperación de la familia. Relatos de esperanza y renovación*. Paidós.

Odgers Ortiz, O. (2008). Construcción del espacio y religión en la experiencia de la movilidad. Los Santos Patronos como vínculos espaciales de la migración México-Estados Unidos. *Migraciones Internacionales*, 3,(14), 5-25.

Pizarro, C. y Ciarallo, A. (2023). Circulaciones migratorias. En Jiménez, C. I. y Trpin, V. (comp). *Pensar las migraciones contemporáneas: categorías críticas para su abordaje.* Teseo.

Rivera Sánchez, L., Odgers Ortiz, O. y Hernández, A. (2017). *Mudar de credo en contextos de movilidad. Las interconexiones y el cambio religioso*. El Colegio de México – El Colegio de la Frontera Norte.

Seidmann, S. (1990). Migración y cambio. La búsqueda de la identidad. Psicología Social. Cátedra I. Departamento de publicaciones. Facultad de Psicología, UBA.

# 12. El expatriado y su familia. ¿Desarraigo elegido o... sufrido? ¿Adaptación traumática o integración creativa?

*Marina Ravenna Selvatici*

## *El expatriado: proyectos y efectos*

La figura del expatriado es cada vez más frecuente en el panorama empresario de hoy, en particular en las empresas filiales de una casa matriz extranjera. Los dirigentes de nivel alto suelen rotar y circular por distintos países como modo de desarrollar su carrera y adquirir una perspectiva más amplia. El expatriado es, en realidad, un migrante temporario que, en mayor o menor medida, elige o acepta trasladarse a otro país, en función del desarrollo exitoso de su futuro profesional. Pero esta situación de desarraigo no deja de tener efectos en el integrante de la empresa y su familia, a veces más evidentes, otras más sutiles o desplazadas a otros ámbitos.

El trasladarse a otro país implica dejar el ámbito conocido, la familia amplia, los amigos, lo cotidiano, todo lo que otorga confirmación a la propia identidad. Esta sensación de seguridad personal se obtiene también con la repetición previsible de ciertos elementos de la vida cotidiana (olores conocidos, disposición de las calles que resulta familiar...) es decir cuando lo esperable ocurre.

Hay un monto de previsibilidad que es necesario, aún para crear situaciones nuevas.

Al dejar el propio país, sobre todo por largo tiempo, se pierde el contacto con el mundo familiar, de costumbres incorporadas, de experiencias y "automatismos" compartidos. Esto determina, inevitablemente, una pérdida de seguridad. Hay que tener en cuenta que, generalmente, el expatriado ocupa un nivel jerárquico importante, a menudo gerencial, donde el logro del éxito resulta importante para él y para su relación con el grupo de pares que integra.

En ciertos casos, esta vivencia de inseguridad es negada porque es temida, y entonces se busca compensar la pérdida del mundo conocido a través de una inserción a ultranza, aparentemente sin fisuras, en la empresa. Nos encontramos así, en ciertos casos, con personas que permanecen al frente de sus tareas mucho más allá del horario convenido...y de lo que les resulta conveniente, a ellos y a la empresa, perdiendo toda perspectiva en relación a sus funciones, quedando "pegados" a sus actividades. Esto, que podría ser interpretado como una excelente dedicación al trabajo, está denotando un conflicto, una negación del ámbito extra-laboral, como por ejemplo su familia o su tiempo de descanso, y produce un efecto paradojal:

## *Más horas de trabajo no es sinónimo de una mayor eficacia o una mayor productividad*

Sin embargo, es frecuente que el expatriado busque y encuentre refugio en la empresa o a través de la microcultura que constituyen sus colegas, o intente lograr un rendimiento exitoso que lo compense por la ruptura realizada.

La subjetividad surge desde el nacimiento en la relación con el otro y en un interjuego con su medio familiar y social, como lo describe Piera Aulagnier (1984) en el Contrato narcisista. La impronta de las pertenencias culturales se ve en particular en las experiencias de desarraigo en las que a veces se produce un verdadero desgarro de las envolturas psíquicas. El desarraigo cultural implica una ruptura de la pertenencia a una determinada comunidad con sus relatos, sus interpretaciones acerca del mundo, sus experiencias y afectos. Esto aparece con claridad en el trabajo terapéutico con los migrantes temporarios por lo general empresarios que trabajan en una empresa extranjera y son trasladados a la filial argentina. La problemática estalla en particular en las relaciones de pareja y en la familia que siguió a migrante contratado, porque éste suele buscar una inserción a-conflictiva en su empresa.

El trabajo terapéutico en el idioma del paciente representa la creación de cierta membrana constituida por el idioma común diferente de aquel del país en el que se realiza y representa una especie de envoltura narcisística transicional, una especie de baño sonoro que Anzieu (1985) describe como experiencia previa al lenguaje.

Aquí es muy interesante ver el interjuego entre pertenencia y subjetivación. La experiencia de ruptura de una pertenencia, de los "incorporados", término acuñado por Rouchy (1987) para designar aquellas percepciones y actos automáticos cotidianos propios de cada cultura. Le Roy (1987) lo describe como "un encuadre cultural, fondo sincrético de la psique", que ambos han trabajado en sus experiencias interculturales.

La experiencia de ruptura de una pertenencia (frecuentemente idealizada a posteriori) puede dar lugar a una vivencia cercana al vacío, o a la adaptación a ultranza al nuevo medio, lo que suele dar lugar a conflictos a veces en las otras generaciones. En el mejor de los casos, y no sin un intenso trabajo psíquico, pueden dar lugar a nuevas experiencias de desujetamiento y construcción.

Quisiera traer el ejemplo de una paciente francesa a la que le costaba hablar francés con sus pares, con sus conocidos franceses en Buenos Aires, no encontraba las palabras, la mente se le ponía en blanco. Pero esto no sucedía conmigo, con quien hablar en francés era absolutamente fluido. Pudimos descubrir que en su diálogo conmigo yo era la que quedaba en el lugar de la extranjera. Quedaba depositado en mí un lugar muy cuidadosamente tapado en su familia. Ella era de bisabuelos emigrantes armenios, con predominancia del papel femenino y hombres débiles por lo general fallecidos prematuramente, al punto que una especie de maldición pendía sobre la progenie masculina (y ella tenía cuatro hijos varones). La familia había tapado ese origen, no denotado tampoco por el apellido que había ido cuidadosamente afrancesado a través de las generaciones, buscando insertarse en forma a-conflictiva en la sociedad francesa. Pero el síntoma aparece con la migración y el uso de la lengua francesa en el extranjero y solo pudo trabajarse en este acercamiento bilingüe.

Otra experiencia interesante es la que realizó el psicólogo suizo Battegay[1] con migrantes turcos. Provenientes de una cultura en la que predominaba el "nosotros" y la fuerte pertenencia a un grupo familiar, la inserción en un medio individualista como el suizo era fuente de sufrimiento. El trabajo con la pertenencia y la subjetivación en un grupo terapéutico permitió aceptar y trabajar estos conflictos.

## El expatriado y su familia. Síntomas de malestar

¿Pero qué pasa con su familia, en particular qué pasa con sus cónyuges?

Por lo general, es la mujer la que sigue al marido en su traslado. Es muy poco frecuente el caso de una mujer que defina la migración por cuestiones laborales a otro país y sea acompañada por su marido.

¿Qué pasa entonces con las mujeres de los expatriados?

---

1 Comunicación personal.

Estas deben soportar con sus familias el desarraigo y la ruptura provocados por el abandono del país de origen sin tener la compensación de un objetivo laboral considerado exitoso. Si bien la decisión puede llegar a ser compartida, los efectos del desarraigo se descubren más tarde. Generalmente las dificultades de inserción de las esposas o las familias pueden tener manifestaciones directas o indirectas, más o menos claras o latentes, desde situaciones depresivas, conflictos en la pareja, cierto nivel de agresión que se manifiesta en los vínculos, hasta dificultades en el rendimiento laboral. La esposa, sobre todo en los primeros tiempos, cuando su inserción social es incipiente, suele vivenciar un vacío a veces difícil de llenar. En algunos casos esta sensación es tapada y aparece a través de exigencias o reclamos al marido o a la misma empresa, considerados "culpables" de determinar esa migración. No es por casualidad que la elección de la vivienda, que suele ser pagada por la empresa, se vuelve muchas veces conflictiva, apareciendo exigencias que pueden parecer insólitas y que no se plantearían en el país de origen. Otras veces pueden llegar a surgir ciertas manifestaciones psicosomáticas, es decir donde pueda llegar a verse comprometido el cuerpo (dolores de cabeza reiterados, insomnio, taquicardias, etc). Aquí se juega un aspecto del desarraigo que, si no es entendido y elaborado, se expresa a través de una búsqueda de vanas compensaciones, como un agujero imposible de llenar. En otros casos, la mujer puede participar activamente en el ámbito del marido, pero a veces en cuestiones no totalmente pertinentes, es decir, buscando un lugar, pero no siempre el más adecuado ni el más satisfactorio. Es importante no minimizar estos efectos, ya que a la larga repercuten en la pareja y pueden constituirse en una situación traumática.

Esto se detecta a veces en la retracción de la capacidad afectiva, en un rechazo de lo nuevo. En las familias puede traer como consecuencia encerrarse en un ámbito muy reducido. Puede producirse una sobre-exigencia o una sobre-protección hacia los hijos, frente a un mundo externo vivido como peligroso o negativo. Otras veces la relación con los hijos puede denotar un cierto descuido, por estar muy centrados en lo que se dejó. Estos a su vez enfrentan la problemática de la integración a un colegio nuevo, hecho que no siempre es fácil, cuando todo el entorno es nuevo y requiere una especial dedicación.

### ¿Qué hacer frente a esta situación? ¿Cómo contribuir a que la integración no resulte traumática? ¿Qué puede hacer la empresa?

A menudo las empresas no perciben la importancia de esa situación emocional. Detectan situaciones de malestar, más o menos difusas que a veces no saben a qué atribuir. En otros casos, no tienen tiempo ni posibilidades de ocuparse de ese tipo de conflictos, o tratan de resolverlos dándoles "beneficios" a los expatriados, como por ejemplo cursos de idioma, que suelen hacerse extensivos a sus esposas, aún a nivel domiciliario, con el costo consiguiente. Pero estos son sólo paliativos que no modifican la situación imperante.

## *Una propuesta transformadora: Los Grupos de Reflexión*

Una propuesta novedosa es la que ofrecen los Grupos de Reflexión para las mujeres de los empresarios que han debido dejar su país de origen. Estos Grupos tienen como objetivo recrear una malla de pertenencia que sirva de *red de contención*, a modo de nuevos eslabones que ayuden a restañar el desgarro de la migración. El trabajo con los vínculos permite enfrentar los más variados conflictos desde diferentes perspectivas. Da lugar a que surjan, en conjunto, *respuestas creativas*, ampliando las posibilidades de cada una.

Se logrará así una integración más activa y vital, con un menor nivel de sufrimiento.

Los grupos de Reflexión podrán ser intra-empresa (o sea para las mujeres de los expatriados de una misma empresa), o inter-empresas, o sea que estos grupos estén integrados por mujeres cuyos maridos pertenezcan a distintas empresas de la misma nacionalidad

Esto les permitirá:

- Intercambiar modos de resolver los conflictos, entendiendo las raíces de estos.
- Mejorar el clima emocional en las familias.
- Favorecer la integración entre empresas de origen cultural similar.

Este proyecto fue presentado al sector cultural de la correspondiente embajada mostrando como implicaría desarrollar un nivel de apoyatura para las distintas empresas y colaborar al mejor crecimiento con el menor costo de sufrimiento posible para el expatriado y sus familias

## El Grupo de Reflexión apunta a transformar ese lugar de acompañante pasivo en un lugar de sujeto activo de una experiencia enriquecedora a nivel personal

Constituyen un interesante instrumento para el despliegue de las potencialidades de sus integrantes. El malestar o la angustia, a veces más explícita, otras más escondida y muchas veces depositada en el cuerpo, se transforma de algo que ni puede ser hablado, a una vivencia que sí puede ser puesta en palabras y modificada en el ámbito del grupo.

Es sorprendente observar cómo tramos de experiencia de no muy larga duración producen efectos transformadores.

Estos Grupos se realizan a veces dentro de una misma empresa, otras agrupando a empresas o instituciones que comparten las mismas raíces culturales. El Grupo logra crear una especie de piel que favorece la experimentación de conductas anteriores y actuales, integrándolas a la situación nueva. Ofrece la posibilidad de transformar ese rechazo de lo nuevo, vivido en forma traumática, en una trama de respuestas creativas a modo de una experiencia enriquecedora, facilitando una integración exitosa a una cultura nueva.

El grupo de Reflexión se constituye así en un Instrumento transformador y preventivo, para detectar y trabajar posibles focos de conflicto, y reconstituir y reforzar la apoyatura en una trama vincular.

## *Referencias*

Aulagnier, P. (1984). *Los Destinos del Placer*. Argot.

Ancona L. (1987). Une source de la communication transpersonelle. La transcultre. En *Révue de psychothérapie psychanalytique de groupe*, n. 9/10.

Anzieu, D. (1985). *Le moi-peau*. Dunod.

Albarracin, Leila. (2004). *La lengua como herramienta de poder*. Asociación de Investigadores en Lengua Quechua.

Castel, R. y col. (1991). *La dinámica de los procesos de marginalización. De la vulnerabilidad a la inclusión*. Lugars.

Rodrigo Alsina. (1999). *Comunicación intercultural*. Anthropos.

Rouchy, J. C. & Leroy. (1987). Identité culturelle et groupe d'appartenance. *Revue de psychothérapie psychanalytique de groupe*. n. 9/10.

Selvatici, Marina. (1991). El nivel fantasmático en el grupo psicoanalítico de Reflexión. *Rev. AAPPG tomo 14*, n. 1/2.

Selvatici, Marina. (1996). El grupo de Reflexión: espacio de "desnaturalización" y puesta en crisis. *Revista AAPPG*.

Selvatici, Marina. (2008). Intervenciones en situaciones laborales. Reducción de sentido, crisis y polifonía

Selvatici, Marina. (2012). Pertenencia y subjetivación. *III Congreso de Psicoanálisis de las Configuraciones Vinculares.*

Selvatici, Marina. (2009). Extranjerías. *XXV Jornada de la AAPPG.*

Selvatici, Marina. (2020). *El grupo de Reflexión. Herramienta en situaciones de crisis.* Presentación en APdeBA.

# 13. Parejas migrantes/Interculturales/ Multilingües

*Lisettte Weissmann*

> *— No quiero que vuelvas a decirle que viajar es una forma de destino.*
>
> *— ¿Eso le digo?*
>
> *— La inquietas de más. Yo tengo cuarenta años y no he salido del país. ¿Cómo va a hacer ella para ir a la tercera parte de los sitios en que le aseguras que estará?*
>
> *— Ella vivirá toda su vida en otro siglo — contestó Diego acariciando con su voz el aire que imperaba en su casa.*
>
> Ángeles Mastreta

¿Podríamos decir que viajar es un destino para las parejas migrantes? ¿Sería una forma de habitar el planeta? Siempre en movimiento. Vayamos por partes para tratar de responder a estas preguntas.

El término pareja según el diccionario de Psicanálise de Casal e Família define una "relación de dos personas que se designan mutuamente como elegidas para formar ese vínculo, con cierta permanencia en el tiempo y con habilitación para la sexualidad" (Weissmann, 2021, p.68). Basándonos en la etimología del término en latín, *casalis* significa: perteneciente a una casa. Talvez se refiera a un límite territorial en el cual la relación de pareja se remita a un espacio estable con raíces en un lugar fijo. Esta forma de pensar la pareja marcada por la raigambre a un lugar afianzado debería ser modificada si nos referimos a parejas migrantes.

Toda relación de pareja hace referencia a un vínculo de dos, entre los que se aloja una elección especial dentro de la que cada uno le atribuye al otro un lugar específico de elección y de atribución de espacios específicos respectivamente. Uno de los miembros de la pareja, solamente por formar parte de esa relación, le otorga al otro elegido un lugar de preferencia a su lado. Vemos como este vínculo está marcado por una bidireccionalidad, ya que en el mismo acto de la elección cada miembro de ese par nombra al otro, respectivamente, como perteneciendo a esa pareja. La cultura y la sociedad también ofrecen un lugar en el cual es esperado que los sujetos que forman parte de ese vínculo se ubiquen y se sientan perteneciendo al mismo. Situamos así la relación de pareja en un vínculo singular que estructura a los sujetos que la conforman, amparados por un contexto social que aporta un formato específico esperado en el que ser pareja.

Toda pareja está constituida por sujetos que habitan y provienen de un contexto social y cultural, por lo que cada integrante trae al vínculo un bagaje incorporado de aquello esperado por la cultura a la que pertenece. En algunos países asiáticos las parejas son arreglos hechos entre familias y los elegidos para esa relación tienen que ver como aceptan internamente el dictamen social y cultural al que están siendo sometidos. En la cultura occidental, la elección parte de cada uno de sus integrantes para compartir la vida juntos, a pesar de tener libertad para vivir como relaciones cerradas o abiertas, con convivencia debajo del mismo techo o en relaciones llamadas de: cama afuera, en convivencia con hijos de relaciones anteriores o excluyéndolos, etc. Cada pareja arma el tipo de vínculo que consigue formar, basado en innumerables variables, tanto conscientes como inconscientes. Aun citando parejas que provienen de la misma cultura, cada sujeto trae al vínculo sus fantasías inconscientes de las que parte para designar como formar ese vínculo. Nótese que estamos apelando a culturas diferentes, basadas en distintos espacios geográficos, así como también a culturas familiares intersubjetivas pertenecientes a cada núcleo familiar y a los valores a los que adhieren. El concepto de cultura puede ser pensado desde diferentes ópticas.

## *Parejas interculturales*

Deberíamos abordar ahora el concepto de interculturalidad.

Interculturalidad es un término que hace alusión a cómo una cultura se va entrelazando con otras dentro del sujeto que se ve impactado por varias culturas, estructurando una red interna de dialogo y conflicto entre ellas incluyendo sus diferencias y aciertos. La interculturalidad se construye apoyada en un proceso de mestizaje de varios elementos heterogéneos, que consiguen mantener sus particularidades. De esa forma se arma un dialogo entre varias voces que se suceden, se contradicen, poniendo énfasis en una pluralidad de puntos de vista sin que ninguno prevalezca sobre el otro. Pienso la interculturalidad como un proceso de subjetivación que rebate el concepto de cultura hegemónica y que coloca las culturas a conversar creando también gestos interculturales.

Tomare como ejemplo algunas estrofas de una canción de Ricardo Arjona, artista guatemalteco que cita el tema en su canción "Ella y él".

> *Ella es de la Habana, él de Nueva York, ella baila en Tropicana, a él le gusta el rock, ella vende besos en un burdel, mientras él se gradúa en UCLA, ella es medio marxista, él es republicano, ella quiere ser artista, el odia a los cubanos, el cree en la estatua de la libertad y ella en su Habana de la soledad (Arjona, 1996).*

El artista nos presenta dos personas con un perfil muy diferente y en algunas situaciones hasta en posiciones opuestas. Mostrando como cada uno cuando llega a una relación trae su ideología, su cultura, sus valores, su forma de inserción social que no necesariamente tienen que ser complementarios. Y estos sujetos tendrán que inventar una forma de correspondencia en la que quepan sus coincidencias y diferencias al mismo tiempo. ¿Cómo lo logran?, es un misterio que cada vínculo irá diseñando para sí.

Isidoro Berenstein decía en sus clases que las personas que formaban una relación de pareja lo hacían de una forma suplementaria, tomando el concepto de la geometría, de ángulos suplementarios y diferenciándolo del de ángulos complementarios. Para la geometría, los ángulos suplementarios se suman para formar una línea recta, no significa que se adaptan uno al otro y sí que se adicionan para formar una entidad. Esta idea pretende alejar la idea de que dos personas en un vínculo tienen que completarse, ya que no hay completud posible.

Pensamos todo vínculo de pareja como una suma de dos sujetos diferentes que buscan armar un conjunto que los vincule creando un "entre", o sea una pareja. Todo vínculo alberga espacios de desencuentro, que aparecen como áreas de divergencia que traen a lo largo del tiempo posibilidades de ser modificadas, ampliadas y diversificadas. En el transcurso vital de cada vínculo esos espacios de quiebre o divergencia habilitan a la reformulación y reinscripción de los vínculos para cumplir con las necesidades que sus miembros presentan. Si estas modificaciones no se van construyendo a lo largo del tiempo, las relaciones pueden vaciarse de sentido y perder complejidad hasta quedar vacías y dejar de ser significativas para aquellos que están involucrados.

Las personas que arman cada vínculo precisan hacer concesiones entre sí para constituir una forma peculiar de formar esa pareja. Esta es una condición que permite que sus integrantes pertenezcan al vínculo en una suerte de transacción entre aquello que los equipara y lo que los diferencia y aparta. Veamos como continúa la descripción del vínculo que citamos en la canción de Arjona (1996).

> *Lo que las ideologías dividen al hombre, el amor con sus hilos los une en su nombre, ella mueve su cintura al ritmo de un tantán y él se va divorciando del Tío Sam, él se refugia en su piel la quiere para él, y ella se va olvidando de Fidel, que saben Lenin y Lincoln del amor, que saben Fidel y Clinton del amor.*

Aquello que arma las relaciones de pareja es lo que el poeta denomina: amor, que incluye el deseo sexual y la elección libidinal en la que circula el placer. Pensamos el amor, desde el punto de vista psicoanalítico, con una visión kleiniana en la que se visualiza al otro como objeto total, incluyendo lo bueno y lo malo, con las características que hacen que los sujetos se elijan y también que se diferencien y se alejen. Cuando hablamos de pareja, no solamente apuntamos al mundo intrasubjetivo de las relaciones de objeto, sino también al mundo intersubjetivo que engloba el vínculo, y al mundo transubjetivo como inserción en la cultura y lo social que los constituye.

La experiencia de formar una pareja implica abandonar en cierta medida las posiciones individualistas para aprender a entrar en el mundo del intercambio y aprender a modificarse junto al otro, que enriquecen al vínculo y a los que forman parte de este. Por eso el cantautor cita a las ideologías como divisorias entre los hombres y el amor y el erotismo como aquello que aproxima y modifica radicalmente. Estamos haciendo alusión al momento del enamoramiento, momento narcisista en que la idealización es el mecanismo de defensa que opera para anular las diferencias y privilegiar los encuentros y aproximaciones de placer. Los que forman la pareja precisan dejar en suspenso aquello que los desune, utilizando el mecanismo de desmentida de la realidad para esconder las diferencias radicales entre ellos, con el fin de privilegiar los aciertos y encuentros. Este movimiento es necesario y se basa en un vínculo pasional en el que se anulan las diferencias. La canción menciona como los políticos no saben del amor, como si el momento de la elección basada en la pasión pasase fuera de la órbita de lo cotidiano y político, en el sentido de formar parte de la *polis*. El momento de la pasión borra todo aquello que le impida llegar a su cometido de indiferenciación y plenitud amparada en el placer del encuentro erótico.

Con el transcurso del tiempo ese momento de enamoramiento cae para dar lugar al momento de amor que implica visualizar al otro como un sujeto total tanto con lo que los hace elegirse como con lo que los diferencia. En el medio de ese pasaje del enamoramiento al amor, se atraviesa por el momento de los reproches que muestran la herida narcisista que implica la caída de la idealización y el enfrentamiento con la realidad del otro, tal cual es.

Veamos cómo termina la saga que la canción relata.

> *Ahora viven en París, buscaron tierra neutral, ella logró ser actriz, él es un tipo normal, caminan de la mano calle Campos Elíseos como quien se burla del planeta y sus vicios (Arjona, 1996).*

Cada vinculo de pareja tiene que hacer concesiones entre sí para armar una forma peculiar de relación que ofrezca aquello que los integrantes de la pareja buscan. Crear un 'entre' que les permita en ese vínculo bidireccional ser contemplados y poder contemplar al otro. Implica un vínculo en que el otro pueda ser visto, considerado y escuchado en su ajenidad. Estos ejercicios permiten generar complejidad y enriquecer el vínculo para reescribirlo adaptándolo a los diferentes momentos de vida que van viviendo.

Todo vínculo entre dos sujetos, otros entre sí, impone un desafío a los que lo componen, Cristina Rojas nos dice que

> *La presencia de los otros ejerce sobre cada sujeto exigencias de trabajo psíquico: reconocimiento, tolerancia a la frustración, ruptura del espejo narcisista, alteración de la imagen de sí, renuncia pulsional, confrontación con la otredad inasible; una discontinuidad irreductible, tantas veces investida por la fusión, la ilusión de unidad y completud (Rojas, 2022, p. 23).*

Este trabajo psíquico se desarrolla dentro del vínculo, por lo que lo llamamos: trabajo vincular, en que los sujetos se confrontan con la imposición que todo otro genera que los empuja a salir de su espacio narcisista para lanzarse al vínculo con el otro y enfrentarse a sus desafíos, conquistas y sufrimientos. Menuda tarea, que a veces entra en contradicción con los valores hedonistas, individualistas y de efectividad del mundo contemporáneo.

El artista cita en la canción como la pareja buscó un territorio que no perteneciera exclusivamente a ninguno de los dos, para generar un espacio común construido entre ellos. Tenemos que tomar esto en sentido figurado, ya que la canción habla de Paris como un territorio intermedio, pero para la construcción del vínculo de pareja en la construcción del 'entre' se genera un lugar vincular en el que ambos coexistan y construyan un vínculo significativo. Todo vínculo implica abandonar ciertos aspectos que precisan quedar afuera, como una forma de "burlarse del planeta y sus vicios", o sea imponiendo una modificación sobre su subjetividad pasada, para privilegiar otros aspectos que les permitan estar juntos, construirse como otros diferentes dentro de esa relación.

La filosofa Barbara Cassin (2022, p. 131, traducción de la autora) dice que "el amor se sitúa entre dos fallas: lo no bastante extranjero y lo demás extranjero". La gran incógnita en todo vínculo es como ser "bastante extranjero" para el otro, o sea manteniendo espacio de individualidad y autenticidad sin llegar a quedar en un lugar "extranjero demás" que aleje tanto al sujeto del otro, que ese otro no lo afecte ni lo desafíe a construir un vínculo conjunto.

## *Parejas migrantes*

El diccionario dice que "migrar es mudar de local, país, ciudad con regularidad" y también menciona que "durante el invierno ciertas especies de pájaros migran hacia el norte" (Dicio, s/d, online, traducción propria). Migrar nos remite a movimiento, tanto geográfico, externo, como interno y psíquico. Es un ejercicio que los seres humanos practican y los animales también. Gómez Mango señala que "el trabajo psíquico de la migración se caracteriza por dos elaboraciones esenciales: por un lado, la que se refiere a la pérdida, la separación; por otro, la relacionada con la problemática de la identidad" (Gomez Mango, 1985, p. 83). La forma en que cada ser humano atraviese la experiencia vivida en la migración marcara su mundo psíquico. Esta experiencia de pérdida y encuentro es un destino que necesariamente todo migrante debe atravesar, para construir internamente una nueva identidad intercultural y para encontrarse a sí mismo en la nueva tierra elegida. Toda pareja migrante debe atravesar el duelo por la pérdida de los proyectos soñados en la tierra abandonada, para construir una nueva forma de habitar el nuevo espacio a migrar y proyectarse en el futuro próximo, visualizando este pasaje como un proyecto conjunto e individual al mismo tiempo para cada uno de sus integrantes.

Pensamos la subjetividad actual como abierta y en constante movimiento. El psiquismo está construido en base a representaciones internas, y también, especialmente en la migración como situación de novedad, en representaciones de la realidad. Hablamos de situaciones nunca vividas anteriormente que impactan y modifican al migrante de forma transformadora. Cada sujeto decide subjetivamente como elaborar y atravesar internamente ese tránsito migratorio. Un movimiento psíquico constante será necesario de ida y vuelta de la posición subjetiva perteneciente a la tierra de nacimiento al nuevo espacio a habitar. Hablamos de un movimiento de péndulo y búsqueda interna de referencias anteriores y actuales para constituirse como sujeto migrante. Solo atravesando esa situación de duelo es que el propio migrante se habilitará para construir en su nuevo hábitat su posición subjetiva de migrante. Toda migración es una situación que no tiene regreso ya que se estructura un camino siempre en construcción y movimiento e internamente se irá construyendo la identidad intercultural.

Toda pareja tiene proyectos propios a partir de los que se piensa en el futuro. Generalmente la migración quiebra esos sueños de un propósito compartido, y obliga al vínculo a su reconstitución como migrante en el nuevo entorno social. La migración brinda una promesa de bienestar y reconstrucción de aquello que se perdió, como un proyecto a ser construido por ellos. El vínculo recibe el impacto de las mudanzas, la angustia por las pérdidas, el dolor por enfrentarse a un nuevo contexto desconocido, la ansiedad por la incertidumbre frente a la pérdida de las referencias sociales y culturales, la dificultad de aprender a comunicarse en otro idioma y el sentirse extraño al perder las referencias que orientan todo vínculo.

Veamos un ejemplo clínico:

> Florencia es colombiana, Peter alemán, se conocen en Alemania donde ella estudió. Deciden mudarse a Colombia. Pierden una bebé allí, que vive por 4 horas y deciden volver a vivir en Alemania. Pelean todo el tiempo y no saben por qué. En Alemania nace otro hijo y las peleas se resumen a discutir como criar al bebe, cuál forma de criar un bebé

> es más saludable, comparando como los crían en Europa o en América del Sur. Las peleas son numerosas y parecen estar siempre compitiendo entre las dos culturas: "Mi mamá me daba papas con arvejas, — eso no es comida, — falta la proteína, — acá las carnes son muy caras, los alemanes le ponen maicena en la mamadera para que duerma, — eso es ridículo—, los cumpleaños tienen que ser fiesta con variedad de comidas, — sólo con una torta comprada es suficiente". ¿Quién tiene razón? ¿Cuál es la forma correcta? Siempre hay que ser infiel a alguna cultura para criar "apropiadamente" al bebé. Parece que estuvieran juntos para probar que la cultura de cada uno de ellos es mejor que la del otro y más efectiva. Por lo que no van a llegar a ninguna conclusión si van en esa búsqueda. ¿Será que pueden vivir el nacimiento del hijo como una conquista que atraviesa y sobrevuela las culturas como un todo? Podríamos llamar este caso clínico: La guerra de las culturas. Reproducen cotidianamente una guerra entre culturas que parece esconder la batalla frente a la vida y la muerte (del hijo). Este caso clínico ilustra una pareja intercultural y también migrante. El mayor desafío que atraviesan es elaborar las pérdidas (de la hija muerta, del país abandonado, de la soledad frente a la falta de la familia, de lo desconocido del país de migración) para construir un proyecto de vida que incluya todo lo que conquistaron (frente al nacimiento del hijo, el trabajo en el país de migración, la acogida de la escuela maternal, la proyección en dirección a un futuro juntos, etc.).

La migración y las culturas pueden operar en algunos casos como depositarios de una lucha entre la pérdida y la ganancia, entre la muerte y la vida, entre lo que tuvieron que abandonar y lo que recibieron siendo acogidos. Discutir cual cultura es la más adecuada para la educación del hijo sería una forma de ocultar aquello que no consiguieron elaborar internamente, ya que cuando muere la bebé, él consigue un trabajo en su país de origen y tal como ellos relatan: "se escaparon y migraron".

El vínculo de pareja parece ser el depositario de lo que no pudieron transitar ni elaborar psíquicamente, por eso se pelean, transmitiendo una lucha constante por "sobrevivir" y tratar de "salvarse" peleando. ¿Es ésta una forma de estar vivos, aunque sea en el sufrimiento? Cuando empiezan a comunicarse en la terapia, empiezan a entenderse e impactarse por todo lo que no sabían del otro y nunca imaginaron que existiera.

## *Parejas multilingües*

Generalmente las parejas interculturales son multilingües, ya que cada uno proviene de otra cultura, y por consiguiente se expresan en idiomas diferentes. En el mundo globalizado actual, también podemos encontrarnos con parejas que se comunican entre sí en una lengua elegida que a veces aparece como un tercero, intermediario, ya que los miembros de la pareja no hablan la misma lengua materna. Los vínculos que precisan establecer una comunicación en varias lenguas pueden asemejarse a pensar en un espacio de traducción constante entre las lenguas en las que pretenden comunicarse.

La elección de cuál lengua usarán para comunicarse suele dar lugar a diversas situaciones de malentendidos vinculares, ya que nos enfrentamos a la traducción de una lengua a otra para intentar expresarse y entenderse.

Thamy Ayouche (2015), psicoanalista marroquí residente en Francia, aludiendo a Benjamin, dice que el traductor tiene que encontrarse en un espacio de suspensión interlingüística para transitar fuera de la lengua, espacio que nombra como "limbo intersemiótico". Y afirma que la traducción interlingüística de por sí, convoca procesos del inconsciente de los que procede. Podemos ver cómo en los sujetos polilingües las distintas lenguas dialogan entre sí, al mismo tiempo en que hacen interactuar en el sujeto a las distintas instancias psíquicas.

Si asumimos que todos somos migrantes frente al inconsciente, el sujeto extranjero puede volver a experimentar este *umheimlich* freudiano que redobla el sentimiento de extranjería frente a sí mismo y a su lenguaje para comunicarse.

Comparto la siguiente definición de Thamy Ayouche.

> *La lengua materna es la lengua transmitida de la mano de la persona en posición de madre que permite al niño separarse de ella, articular una demanda sin temor a ser engullido en un "sí" masivo que anticipe sus deseos o en un "no" que los anule. Para no ser mortal, esta lengua debe marcar una distancia, conjugar lo familiar y/o lo extranjero (Ayouche, 2015, p. 102).*

Vemos cómo la lengua extranjera puede ser una ayuda o un obstáculo a la hora de hablar de su propia historia de vida. La lengua extranjera puede liberar al migrante del superyó materno ya que lo posiciona a distancia y le permite ser ajeno al yo de la infancia y así poder expresarse, lo que sería imposible hacer en la lengua materna. "La lengua extranjera en el lugar de un objeto intermediario parecería permitir formular verbalmente lo que está prohibido decir y oír en la lengua materna, ligada al país de origen, así como a los objetos primarios" (Weissmann, 2021, p. 5). Pienso en la distancia de la lengua materna como habilitadora para decir y narrar situaciones de vida que sólo la lengua extranjera puede permitir. La distancia y el lugar extranjero permiten reparar lo vivido en la lengua de origen.

Thamy Ayouche nos cuenta que

> *Al atender a pacientes extranjeros, me enfrenté a una clínica de la "revitalización" de la lengua materna por la lengua extranjera, cuando los pacientes recurrían a la lengua*

> *extranjera para reconstruirse psíquicamente y alejarse de la irrupción de la lengua materna (Ayouche, 2015, p. 99).*

Esta clínica intercultural abre una importante vía para pensar las diferencias y empoderar al sujeto en una nueva reconstitución, a partir de sus marcas infantiles dolorosas reprimidas y a pesar de ellas.

Dice Ayouche que "cuando un sujeto plurilingüe o políglota se expresa en una lengua, las otras lenguas están 'doloridas' por debajo de ella, en el doble sentido de espera y dolor" (Ayouche, 2015, p. 102).

Esta hipótesis apunta a un constante vaivén entre las lenguas que el sujeto polilingüe habla. Al usar una lengua, todo polilingüe, necesariamente tiene que dejar en segundo plano las otras lenguas que conoce, con el dolor que eso implica. El migrante debe hacer uso de una gran plasticidad para expresarse y comunicarse con los otros sujetos.

Juana es brasileña y Pedro uruguayo, tienen hijos de sus matrimonios anteriores y viven en Brasil. Juana le explica a su marido que le gustaría que su hija avise cuando va a la casa de ellos porque generalmente irrumpe sin avisar. Juana dice en portugués: "Yo soy la dueña de la casa, por eso querría saber cuándo ella viene". Pedro se encoleriza sobremanera, y le recrimina porque tiene que refregarle en sus narices que ella es la dueña del apartamento donde viven. Resulta ser este un gran malentendido intercultural, ya que en portugués *dona de casa* significa ama de casa y ella habla en su lengua materna: el portugués; mientras que Pedro hace una traducción literal de su lengua materna: el español al portugués y así malinterpreta lo que ella quiere decir. Si cuando cada sujeto polilingüe utiliza un idioma, opaca o anula las otras lenguas que conoce, en este caso, Pedro a pesar de expresarse en portugués, no consigue desprenderse de su lengua materna para lograr entenderla. El apela a utilizar un imposible, ya que no se puede hablar en una lengua e interpretar en otra, pero al sentirse hostigado y fragilizado, la lengua materna parece ser el único instrumento que le permite entender lo acontecido, situarse y defenderse. Pedro interpreta que Juana está apelando a una posición de dominación y sometimiento, basado en su traducción interna errónea. Talvez podríamos pensar que todo sujeto multilingüe está constantemente amenazado por esos deslices de interpretar sentidos erróneos al partir de una lengua base errada.

Queda mucho para seguir pensando.

Querría cerrar este artículo con las palabras de Ángeles Mastreta (1996, p. 61):

*El que no duda se equivoca dos veces.*

## Referencias

Arjona, R. (1996). Ella y él. En https://www.youtube.com/watch?v=-92-dCGDrU18

Ayouch, T. (2015). Clínica psicanalítica da língua: vias associativas interlinguísticas, tradução e transferência. *Revista Estudos de Psicologia.*

Cassin, B. (2022). *Elogio da tradução. Complicar o universal.* Martins Fontes.

*Dicio.* Dicionario online de português. En https://www.dicio.com.br/

Gomez Mango, E. (1985). El migrante y sus signos. *Revista de Psicoterapia Psicoanalítica.* vol 1, n 4.

Mastreta, A. (1996). *Mal de amores.* Punto de Lectura.

Rojas, M. C. (2022). *Familias, infâncias, adolescências. Una clínica más allá de la piel.* Editorial Entreideas.

Weissmann, L. (2021). Casal (verbete). En Levisky, Dias, Levinsky. *Dicionário de Psicanálise de casal e família.* Blucher

# Sobre los autores

**Maria Inês Assumpção Fernandes**

Brasileña. Profesora titular del Instituto de Psicología de la Universidad de San Pablo (IPUSP). Presidente de la Asociación Internacional de Psicoanálisis de Pareja y Familia (AIPCF) (2021 – 2023). Miembro fundador de la Asociación Brasileña de Psicoanálisis de Pareja y Familia (ABPCF). Coordinadora del LAPSO Laboratorio de Estudios en Psicoanálisis y Psicología Social. Psicoanalista con varias publicaciones científicas en libros y periódicos.

**Celia Blini de Lima**

Brasileña. Psicoanalista, máster y doctora por el Instituto de Psicología de la Universidad de San Pablo (IPUSP); miembro efectivo y docente de la Sociedad Brasileña de Psicoanálisis de San Pablo (SBPSP); miembro de l'Association Internationale de Psychanalyse de Couple et de Famille (AIPCF), miembro y socia fundadora de la Asociación Brasileña de Psicoanálisis de Pareja y Familia (ABPCF); miembro del grupo vincular. Participación en libros sobre pareja y familia.

**Ana Rosa Chait Trachtenberg**

Brasileña-Polaca. Medica Psicoanalista. Formación Psicoanalítica en APdeBA. Miembro titular con función didáctica, fundadora, expresidente de la SBPDEPA-IPA, donde integra el Núcleo de Vínculos. Con diferentes funciones en SBPDEPA, FEBRAPSI, FEPAL, IPA. Presidente de la ABPCF. Co-autora de Transgeracionalidade: de Escravo a Herdeiro y Porque Psicanálise Vincular. Autora de Transgeracionalidade/ Holocausto e dores sociais.

**Laura Chmielewski**

Argentina-Polaca. Magister en Psicología Social Comunitaria, Lic. y Prof. en Psicología - UBA - JTP en Psicología Educacional, Universidad de Belgrano, Argentina. 2021-2023.- Proyecto de investigación acreditado, Universidad de Belgrano, Facultad de Humanidades, Carrera de Psicología. "Trayectorias migratorias de personas inmigrantes de 18 a 30 años residentes en el AMBA".

**Liliana Emparan**

Argentino-Brasileña. Psicoanalista y miembro efectivo del Departamento de Psicoanálisis del Instituto Sedes Sapientiae, Doctora en Ciencias (Psicología Clínica) en el Instituto de Psicología de la Universidad de San Pablo IPUSP, Coordinadora del Projeto Ponte: atención psicoanalítica a migrantes y refugiados.

**Nelson Gottlieb**

Uruguayo-Extranjero. Psicólogo, Psicoanalista vincular. Psicoanalista (APU). Trabajo con equipos de la Red de Atención y Protección de niñas\os y adolescentes en situación de calle extrema. Integrante, docente, ex-presidente de AUPCV (Asociación Uruguaya de Psicoanálisis de las Configuraciones Vinculares). Docente de la SPF (Perú). Participante del Espacio clínico del Hospital Italiano (Argentina, Buenos Aires). Coordinador de espacio de pensamiento "Diálogos a la deriva". Extranjero

**Martínez Defina**

Argentina. Licenciada en Psicología Universidad de Belgrano. Auxiliar de investigación en Universidad de Belgrano y en Equipo de Investigación de Psicología Clínica (EIPSI). 2021-2023.- Proyecto de investigación acreditado, Universidad de Belgrano, Facultad de Humanidades, Carrera de Psicología. "Trayectorias migratorias de personas inmigrantes de 18 a 30 años residentes en el AMBA".

**Carla Martins Mendes**

Portuguesa-Brasileña. Psicóloga Clínica. Doctora y Mestre en Psicologia Clínica em la Pontifícia Universidade Católica do Rio de Janeiro (PUC-Rio). Especialización en Psicoterapia de Pareja y Família por la Pontifícia Universidade Católica do Rio de Janeiro (PUC-Rio). Miembro efectivo de la Associação Brasileira de Psicanálise de Casal e Família (ABPCF). Miembro Titular de la Associação Internacional de Psicanálise de Casal e Família (AIPCF). Membro efectivo de la Associação Portuguesa de Psicoterapia Psicanalítica de Casal e Família (Poiesis Analítika)

**Adriana Navarrete Bianchi**

Uruguaya-Española-residente brasileña. Psicoanalista SBPRP (Sociedade Brasileira de Psicanálise de Ribeirão Preto), miembro de ABPCF (Associação Brasileira de Psicanálise de Casal e Família), Coordinadora de la Comisión de Psicoanálisis de Familia y Pareja de FEPAL - CPFP-Fepal (Federación Psicoanalítica de América Latina), profesora de cursos y grupos de estudios sobre Psicoanálisis Vincular y el pensamiento de Janine Puget. Varios trabajos publicados.

**Mary Yoko Okamoto**

Nipo-Brasileña. Psicóloga Clínica. Posdoctora em Psicologia Social (IPUSP). Profesora asociada del departamento de Psicología Clínica y del programa de posgraduación en Psicología de la Facultad de Ciencias y Letras de Assis, Universidad Estadual Paulista (FCLAs/UNESP). Coordinadora del laboratorio de estudios e investigaciones en Psicoanálisis y Vincularidad. Coordinadora local de la Red Temática de Extensión Universitaria: red de atención al migrante internacional (RAMIN).

**Tomás Esteban Pereyra**

Argentino. Lic. en Psicología, UB. Coordinador Docente en Psicología Social, Psicología Social, Comunitaria, Modelos y Teorías Psicológicas, Universidad de Belgrano. 2021-2023.- Proyecto de investigación acreditado, Universidad de Belgrano, Facultad de Humanidades, Carrera de Psicología. "Trayectorias migratorias de personas inmigrantes de 18 a 30 años residentes en el AMBA".

**Nahuel Pistolesi**

Argentino. Licenciado en Psicología, Universidad de Buenos Aires. Ayudante de primera en materia Psicología Social en facultad de Psicología UBA. Coordinador Docente en materias Psicología Social, Psicología Social Comunitaria en Licenciatura de Psicología en Universidad de Belgrano. 2021-2023- Proyecto de investigación acreditado, Universidad de Belgrano, Facultad de Humanidades, Carrera de Psicología. "Trayectorias migratorias de personas inmigrantes de 18 a 30 años residentes en el AMBA".

**Marina Ravena Selvatici**

Argentina-Italiana. Psicóloga (UBA) Psicoanalista vincular. Miembro titular de la Asociación Argentina de Psicología y Psicoterapia de Grupo (AAPPG). Ex directora de Docencia de la AAPPG. Coordinadora de Grupos de Reflexión en la Diplomatura superior en vínculos AAPPG-UCES. Invitada por Dr. René Kaes a ofrecer conferencias sobre Grupos en la Universidad de Lyon II (Francia). Trabajo con migrantes en español, francés e italiano.

**Fernanda Ribeiro Palermo**

Brasileña-Italiana. Psicoanalista y Psicóloga Clínica. Doctora y Máster en Psicologia Clínica en la Pontifícia Universidade Católica do Rio de Janeiro (PUC-Rio), com estágio doctoral en la Université Paris Cité. Pós-doctoranda en Psicologia em la Universidade de São Paulo (USP). Miembro efectivo de la Associação Brasileira de Psicanálise de Casal e Família (ABPCF). Miembro efectivo de l'Association Internationale de Psychanalyse de Couple et de Famille (AIPCF).

**Gustavo Javier Rigueiral**

Argentino. Magister en Psicología Social Comunitaria, Lic. y Prof. en Psicología - UBA - Profesor Adjunto en Psicología Social y Psicología Social Comunitaria, Universidad de Belgrano, Argentina. 2021-2023- Proyecto de investigación acreditado, Universidad de Belgrano, Facultad de Humanidades, Carrera de Psicología. "Trayectorias migratorias de personas inmigrantes de 18 a 30 años residentes en el AMBA".

**Maria Inés Saadi de Tozatto**

Argentino-Brasileña. Psicoanalista individual y vincular. Doctora en Psicología Clínica, PUC-Rio. Coordinadora del Espacio Diálogos en Psicoanálisis Vincular. Supervisora de proyectos sociales con familias en favelas de Rio de Janeiro. Implicada en la trasmisión del psicoanálisis vincular, ministra seminarios en diferentes instituciones.

**Susana Seidmann**

Argentino-austriaca. Dra. en Psicología (Universidad de Belgrano). Profesora titular en grado y posgrado de Psicología Social (UBA – UB), Argentina. Directora en el máster de Psicología Social de la Universidad de Buenos Aires (UBA). Investigadora en el área de Psicología Social, directora de equipos en líneas de investigación, nacional e internacional. Numerosas publicaciones nacionales e internacionales y participación en congresos.

**Lisette Weissmann**

Uruguaya-Brasileña-Austríaca. Pos Doctora y Doctora en Psicología Social en Instituto de Psicología de la Universidad de San Pablo (IPUSP), Master en Psicología Clínica en la PUCSP. Miembro de la ABPCB, especialista en psicoanálisis de parejas y familias AUPCV (Montevideo). Profesora de posgraduación en el CEP. Miembro del Projeto Ponte: atención psicoanalítica a migrantes y refugiados. Autora de los libros: Famílias Monoparentais; Atendimento Psicanalítico a famílias, Interculturalidade nos vínculos familiares.

**Evelyn Politzer** es una artista visual que vive y trabaja en la ciudad de Miami, Florida, Estados Unidos. Nace en Montevideo, Uruguay. Estudia Abogacia en la Universidad de la República del Uruguay y después sigue su carrera en el arte al mudarse a los Estados Unidos. Evelyn recibió una Maestría de Bellas Artes en Artes Visuales en 2021 y un Premio Ellies Creator de Oolite Arts en 2020. Es miembro fundador de FAMA - Fiber Artists Miami Association. Su obra se ha exhibido ampliamente en Estados Unidos y el extranjero, y forma parte de colecciones de arte en Uruguay, Argentina, Brasil, México y Estados Unidos. https://evelynpolitzer.com/

**GRÁFICA PAYM**
Tel. [11] 4392-3344
paym@graficapaym.com.br